# Van de redactie

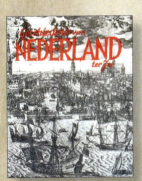

Wie de maritieme geschiedenis liefheeft, kan niet om het standaardwerk *Geschiedenis van Nederland ter zee* door Jarig Cornelis Mollema heen. Het werk bestaat uit vier delen en werd in 1942 in Amsterdam uitgegeven door de N.V. Uitgeversmaatschappij *Joost van den Vondel*. Het is een monumentale studie die de tand des tijds heeft doorstaan. Niet voor niets worden de delen nog steeds geraadpleegd. Wie over de maritieme geschiedenis schrijft, raadpleegt Mollema, maar interpreteert de tekst opnieuw en actualiseert deze. Dat is zoals wetenschap werkt en in dit geval het vak geschiedenis zo mooi maakt. Mollema begint zijn lijvige werk als volgt: *Wij Nederlanders streden de strijd om het bestaan tegen het water en op het water. De laatste was voor geen gering deel het gevolg van de nederlaag in de eerste geleden; de overwinningen te water behaald, brachten ons echter ten slotte de zege over het water. Nederlands begin was niet een handvol zeewier der dichters; eerst toen ons land daarop ging lijken, moesten wij varen uit nood. Het merkwaardige is dat ons zeewezen ons door landverlies opgedrongen, niet alleen met de wapenen een onzaglijk groot grondgebied aan het kleine Nederland toevoegde, maar door rijke baten bovendien alles herwon, wat de zee had verzwolgen.* De aanhef geeft het wezen van de Nederlandse maritieme geschiedenis kernachtig weer. De onverbrekelijke verbinding van Nederland met de zee, de eeuwige strijd tegen het water en de rijkdom die het water het land oplevert.

Vanuit die gedachte wordt twee keer per jaar *Scheepshistorie* gemaakt. Met plezier, deskundigheid, overgave, inzet en creativiteit. Om de maritieme geschiedenis van Nederland levendig te houden. Zoals u ongetwijfeld heeft gemerkt siert op de omslag het logo van de Amsterdam University Press (AUP) in plaats van het vertrouwde logo van Lanasta. In de afgelopen maanden is veel in beweging geweest met gevolg dat *Scheepshistorie* vanaf nu een uitgave zal zijn van de AUP. In goed overleg is uitgeverij Lanasta opgegaan in de AUP. De fusie biedt volop kansen waarover in de volgende aflevering meer. We blijven *Scheepshistorie* met veel plezier maken en zien de toekomst van het magazine met vertrouwen tegemoet.

In deze aflevering weer een gevarieerd aanbod aan bijdragen van de hand van meerdere auteurs. Zonder hun inbreng geen *Scheepshistorie*! Deze keer bijdragen over de zeeslag bij Solebay op 7 juni 1672, verhalen over zompen, een schouw uit Hoorn, schaalmodellen, turfvaart, de maritieme schilder Maurice-Adrien Baudin en nog veel meer. Ik wens u veel plezier met deze aflevering van *Scheepshistorie* en als u zelf eens een bijdrage wilt leveren, dan nodigt de redactie u daarvoor van harte uit. Uw teksten zijn meer dan welkom! Heeft u een goed idee mail dan naar g.boven@marinemuseum.nl

Graddy Boven

*Anne Doedens en Matthieu Borsboom*

# Inzet van de zeemacht

*'Dat na de vryheid, de beveili(gi)ng der zee, in vrede, zeer nodig is'. Dit schreef de vriend van Johan de Witt, Pieter de la Court, in de zeventiende eeuw. Een eeuw eerder sprak ook Duplicius de Schepper (1501-1555) zich uit over de inzet van de zeemacht.*

**Cornelis de Schepper. Olieverf op paneel door Ambrosius Benson, 1540. Deel van een tweeluik.** Collectie Art Gallery of New South Wales, Sydney

Volgens landvoogdes Maria van Hongarije was Duplicius de Schepper 'een man van aanzien en kennis'. Inzake maritieme aangelegenheden had deze geleerde echter niet altijd het juiste inzicht. In 1552 vroeg Maria van Hongarije, de zus van keizer Karel V, aan De Schepper advies, hoe de vloot te gebruiken. Hij was lid van twee belangrijke regeringsorganen: de Geheime Raad en de Raad van State. Het opvallendst is de defensieve houding die volgens hem moest worden ingenomen in de strijd met de vijanden van toen: de Fransen.

Met een oorlogsvloot van 40 of 50 bodems kon geen schade berokkend worden, die evenredig was met de gemaakte kosten, meende De Schepper. Ook tegen piraten en zeerovers was een oorlogsvloot volgens hem zinloos: zij waren ongrijpbaar. Wanneer zij voor de kust verschenen konden de bewoners hen beter met boten en middelgrote schepen verjagen. De koopvaarders moesten volgens De Schepper zichzelf redden door extra bewapening en meer bemanning.

**Verdediging**

Meer dan de helft van zijn boektekst is gewijd aan de verdediging van de kust en de kustwateren. De kans op een aanval op Holland en Friesland door vijandelijke schepen werd niet groot geacht. Een vijand kon natuurlijk de Zuiderzee binnenvaren, maar, zo meende De Schepper, als hij dat deed, zou hij ofwel vastlopen op de zandbanken ofwel in een fuik belanden omdat de zeegaten achter zijn rug konden worden afgesloten. Alleen in het Zeeuws-Hollandse deltagebied liepen de Lage

Inzet van de zeemacht 3

Landen risico: bij Den Briel, waar de vaargeul vlak langs de kust liep, bij het westelijk deel van Schouwen, bij het te zwak verdedigde Zierikzee en bij Veere en Vlissingen. De geschiedenis zou De Schepper in het ongelijk stellen: juist op de Wadden en de Zuiderzee zouden de geuzen vanaf 1569 de scheepvaart en de Spaanse oorlogsvloot grote schade toebrengen.

Uiteraard bleef de bescherming van Zeeland eveneens van levensbelang. Niet al te ver ten zuiden daarvan lag immers het kapersnest Duinkerken. Men leerde van deze vijand hoe die met zijn eigen wapens kon worden bestreden. Bijvoorbeeld door zich vanaf 1627 toe te leggen op de bouw van dezelfde fregatten als die van de Duinkerker kapers: schepen van 100 ton met een lengte van omstreeks 90 voet en bemand met ten minste 50 koppen. De omvang van de schepen zou de volgende jaren uitgroeien tot soms wel 300 ton.

De lakenreder en regent Pieter de la Court junior (1618-1685) ontvouwde in de eerste teksten van zijn *Interest van Holland* zijn plan om Holland en Utrecht door middel van een kanaal tussen Lek en Zuiderzee tot een goed verdedigbaar eiland te maken. In feite zag hij, door het land niet met een leger maar met een vloot te willen verdedigen, af van de verdediging van de andere provincies. De boodschap was eenvoudig: wie vrede wil, bereide zich voor op oorlog met een goede vloot te water.

Barbarijse galeien. Gravure door Jan Luyken, 1684.
Collectie Rijksmuseum

De geuzentijd (1568-1575) was van groot belang vanwege de lessen die eruit getrokken konden worden voor de bescherming van de Republiek. Niet voor niets werden er juist op de Waddeneilanden belangrijke kantoren van de admiraliteiten van de Republiek gevestigd en verzamelden zich bij het Marsdiep en het Vlie en de Eems de schepen waarmee de Republiek oorlog voerde. Niet zonder reden juist daar: aan de toegangen naar de groeiende stad Amsterdam.

### Ontwikkeling van de oorlogsvloot

Intussen beschikte de Republiek tot na het midden van de zeventiende eeuw niet over een echte staande oorlogsvloot, maar werden vaak koopvaarders gehuurd. Na het uitvaardigen van de Engelse Acte van Navigatie in 1651, besloot de Staten-Generaal weliswaar de vloot uit te breiden, maar niet met echte oorlogsschepen. De aanwas bestond uit gehuurde en omgebouwde koopvaarders. Het Nederlandse vlaggenschip *Brederode* was met een bewapening van 57 kanons het

grootste oorlogsschip, terwijl de Engelsen veertien schepen met meer dan 50 kanons in de vaart hadden. Strategisch was de Republiek dus sterk in het nadeel en niet gereed voor een echte zeeoorlog tegen een sterke tegenstander als Engeland.

Daarin kwam verandering na de in 1652 uitgebroken Eerste Engels-Nederlandse Oorlog. Uit de ervaringen van die oorlog werden belangrijke lessen getrokken. Zoals de noodzaak voor het varen in kiellinie tijdens de slag. Deze tactiek had bijgedragen aan de successen tegen de Engelsen. Overigens had Maerten Harpertsz. Tromp diezelfde tactiek al tijdens de Slag bij Duins in 1639 toegepast. In kiellinie varen betekende dat de kielen van de schepen in één lijn lagen. Deze tactiek was vooral effectief voor oorlogsschepen met veel geschut aan boord, waardoor zij de tegenstander zwaar onder vuur konden nemen. De Nederlandse oorlogsschepen hadden in de meeste gevallen niet meer dan twee geschutsdekken boven elkaar. De Engelse oorlogsschepen waren veelal zwaarder en vaak uitgerust met drie, en later met vier dekken. Dat maakte de bouw van grotere oorlogsbodems noodzakelijk. De conclusie werd getrokken dat er een echte oorlogsvloot moest komen van grote zwaarbewapende schepen. Tussen 1653 en 1655 groeide de vloot door aankoop en nieuwbouw aan tot 64 schepen van 130 tot 150 voet lang, die voortaan een vaste kern van slagschepen zouden vormen. Toen de Tweede Engels-Nederlandse Oorlog (1665-1667) uitbrak, waren raadpensionaris Johan de Witt en Michiel de Ruyter reeds gevorderd met de noodzakelijke hervorming van de vloot. Op dat moment werd besloten de vloot nog eens met 60 grote schepen uit te breiden, waarvan de zwaarste 80 stukken zouden moeten voeren en niet minder dan 169 tot 170 voet lang zouden zijn.

De lessen uit de Eerste Engels-Nederlandse Oorlog waren geleerd en werden in praktijk gebracht. Koopvaardijschepen zouden niet langer worden ingezet bij gevechtshandelingen. De al langer nagestreefde echte oorlogsvloot kreeg nu eindelijk zichtbaar vorm, een 'staande vloot' die permanent beschikbaar was om de koopvaardij te beschermen en eventuele vijanden aan te pakken. De nieuw gebouwde schepen werden na de oorlog niet meer afgedankt maar bleven in de vaart. De indeling van de eskaders en de tactiek werden grondig herzien. Het enteren van vijandelijke schepen verdween naar de achtergrond, kanonvuur moest beslissend worden. De achttiende eeuw was voor de oorlogsvloot bepaald geen tijd van grote confrontaties zoals in de zeventiende eeuw.

Bij de uitvoering van de taken die tussen de Spaanse Successieoorlog (1701-1713) en de Vierde Engels Nederlandse Oorlog (1780-1784) werden vervuld, opereerden de schepen van 's lands vloot maar zelden in groot verband. Gedurende de 'rustige' jaren 1713-1751 kwam het leeuwendeel van de activiteiten voor rekening van Amsterdamse schepen die vrijwel uitsluitend ter bescherming van handel en visserij werden ingezet. Veelvuldig moest worden opgetreden tegen de 'Barbarijse kapers' in de Middellandse Zee. Tijdens de Vierde Engels-Nederlandse Oorlog was er maar één echte zeeslag tussen formaties van grotere omvang waaraan de vloot van de Republiek zich wilde wagen: de Slag bij de Doggersbank op 5 augustus 1781. De oorzaak was het late tijdstip waarop de Republiek tot vlootuitbreiding overging en de Britse overmacht met meer en zwaardere schepen. De tijden waren intussen veranderd. Na drie Engels-Nederlandse oorlogen werd de vroegere vijand vanaf 1688 een bondgenoot, tot diep in de achttiende eeuw. De Staten-Generaal vertrouwde op de sterkere partner en lieten de uitrusting van een grote offensieve vloot voor de oorlog en handelsbescherming – dit laatste in samenwerking met de Republiek – aan de Britten over. De Republiek zou zich volgens afspraak op de verdediging te land richten. Wat restte voor Nederland was een beschermende rol bij de kust en deelname aan de koopvaart. Zeker, de vloot was nog steeds een staande vloot, tegen het einde van de achttiende eeuw zelfs de vijfde in omvang in Europa, maar met te weinig grote schepen om een dominante rol te kunnen spelen. In de zeventiende eeuw waren offensieve acties zoals bij Chatham (1667), mogelijk geweest, maar in de achttiende eeuw ging het steeds vaker om de verdediging van de eigen kusten.

## Citaat

We lezen uit De la Courts *Interest van Holland*:
'dat de particuliere Steden het zelve, als zijnde de ziele van dezen Staat, noit [de bescherming door de vloot] hebben willen overgeven, zelfs niet ten tijde der Graven uit den huize van Bourgondien [...]. [Toen] wierd uitdrukkelik in de instructie gesteld: Sullen de Steden laten by hun gebruik om in tijde van nood, en als de saken geen uitstel mogen lijden, hun te water te wapenen, en schepen van oorlog uit te rusten, tot laste van den Lande, om uit de voorschreve middelen betaalt te werden, en tegens alle piraten en andere diergelijke vyanden van 't gemeene beste, de selve te resisteren en in handen te krijgen.'

## Meer informatie

- Ivo W. Wildenberg, *Johan & Pieter de la Court*, Amsterdam/Maarssen 1986.
- J.R. Bruijn, *Varend verleden. De Nederlandse oorlogsvloot in de 17e en 18e eeuw*, Amsterdam 1998, onder meer pp. 95-183.
- W. Veenstra, *Tussen gewest en Generaliteit: Staatsvorming en financiering van de oorlog te water in de Republiek der Verenigde Nederlanden, in het bijzonder Zeeland (1586-1795)*, Woubrugge 2014.
- L.H. Sicking, *Neptune and the Netherlands: State, Economy and War at Sea in the Renaissance*, Leiden 2004.

*Linkerpagina:*
Pieter de la Court. Olieverf op doek door Abraham van den Tempel, 1667. Collectie Rijksmuseum

Informatief is een bezoek aan de Bataviawerf in Lelystad, waar men een replica van het VOC-schip *Batavia* kan bezichtigen alsmede een replica in aanbouw van een groot oorlogsschip: de *Zeven Provinciën* (1665-1694), dat onderdeel was van het hiervoor beschreven programma van Johan de Witt en Michiel de Ruyter.
Helaas ligt vanwege financiële problemen de bouw momenteel stil.

Spiegel van het linieschip *De Zeven Provinciën* door Willem van de Velde de Jonge, 1693.
Collectie Rijksmuseum

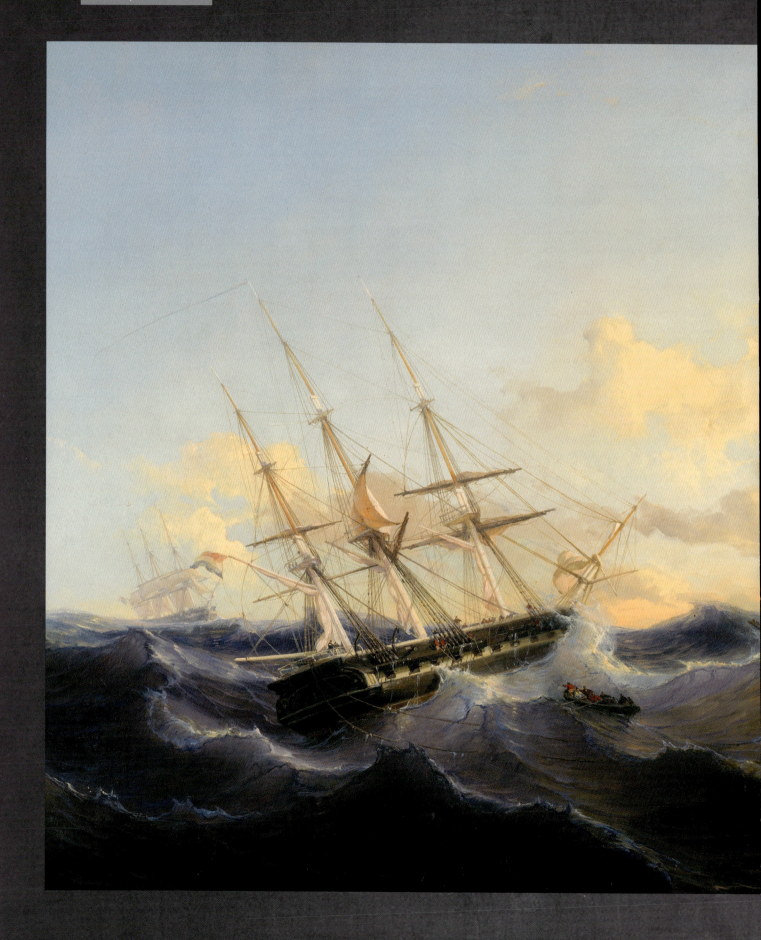

*Graddy Boven*

# Maritieme kunst in het kielzog

In juni 1846 vertrok een eskader onder leiding van de prins der Nederlanden en Oranje-Nassau Willem Frederik Hendrik (Hendrik de Zeevaarder) vanuit Vlissingen naar de Middelandse Zee voor onder andere het bijwonen van Columbus-feesten in Genua. Zr.Ms. brik *Echo*, Zr.Ms. kuilkorvet *Nehalennia*, Zr.Ms. zeilfregat *Prins van Oranje*, Zr.Ms. kuilkorvet *Juno*, Zr.Ms. zeilfregat *Jason*, Zr.Ms. schoener *Adder* en Zr.Ms. zeilfregat *Sambre* maakten deel uit van de divisie die onder bevel stond van prins Hendrik. Onderweg, voor de kust van Cadiz, kwamen zij op 26 december 1846 de Spaanse brik *La Bella Antonia* tegen die zinkende was. De *Juno* zette een reddingactie in, waarbij negen bemanningsleden van de *La Bella Antonia* werden gered. Tijdens de reddingoperatie ging een sloep met vier adelborsten in de golven ten onder. Alle inzittenden stierven de verdrinkingsdood. In maart 1847 kregen de bemanningsleden van de *Juno* van de Zuid-Hollandse Maatschappij uit dank medailles met een getuigschrift uitgereikt. Linksachter op het doek vaart het fregat de *Prins van Oranje* onder bevel van prins Hendrik de Zeevaarder. De scène is waarheidsgetrouw omdat Louis Meijer, de schilder van het doek, zich aan boord van de *Prins van Oranje* bevond. Hij had het verzoek gekregen deel te nemen aan de vierde en laatste eskaderreis van prins Hendrik richting het Middellandse Zeegebied, was daarop ingegaan en meldde zich vlak voor vertrek in Vlissingen. Terwijl de reddingactie gaande was maakte Meijer schetsen uit de eerste hand en werkte deze na zijn terugkeer uit en vervaardigde in opdracht van de prins twee gelijkwaardige doeken met de reddingactie als onderwerp. Het ene exemplaar bevindt zich in de collectie van het Marinemuseum in Den Helder en het andere in het Stedelijk Museum in Amsterdam. Collectie Marinemuseum

*Wouter B. Waldus*

# Wrak OR49
## en de zeventiende-eeuwse turfvaart op de Zuiderzee

Schilderij van de scheepsbreuk van turfschip *OR49* door Arnold de Lange

*In het derde kwart van de zeventiende eeuw werd een turfschipper met koers naar Amsterdam overvallen door storm. Door de plotseling opkomende wind in het enorme sprietzeil helde het schip te ver over en verging. Vanuit de gekapseisde scheepsromp verspreidde de turf zich als een bruine vlek over de woeste golven van de Zuiderzee. Het goed geconserveerde wrak is bijna 400 jaar later opgegraven op kavel OR49 nabij Dronten. De vindplaats biedt naast een interessant beeld over het leven aan boord, ook een belangrijke bijdrage aan een studie over de betekenis van de turfvaart over de Zuiderzee voor de spectaculaire ontwikkeling van de vroegmoderne economie in Nederland. Deze bijdrage biedt een nadere toelichting en geeft een overzicht van de belangrijkste resultaten van een promotieonderzoek, dat tussen 2014 en 2021 aan de Rijksuniversiteit van Groningen is uitgevoerd.*

### Wrak kavel OR49

In het kader van de International Fieldschool for Maritime Archaeology Flevoland (IFMAF) is wrak *OR49* in twee campagnes in zijn geheel opgegraven. Over een totale lengte van 18 meter bij een breedte van 7,8 meter zijn scheepsresten in verband in de bodem bewaard gebleven. De opgraving heeft duidelijk gemaakt dat het schip met de voorsteven in noordwestelijke richting lag en onder slagzij van 20-30 graden over stuurboord in de bodem is weggezakt. Daarbij is de bakboordzijde in de kim afgebroken en over het wrak heen gevallen. De voorsteven en een deel van het voorschip ontbraken. *OR49* kan op hoofdlijnen worden gereconstrueerd. Een lengte over de stevens van 20 meter is aannemelijk. De breedte van het vlak ter plaatse van de mast, het breedste deel van het vrachtschip, bedraagt 4,30 meter. Op de boordrand bedraagt de breedte hier, gemeten vanaf de buitenzijde van de huid, 5,15 meter. De holte van het vaartuig ter plaatse van de mast is vastgesteld op ongeveer 2 meter. Uit de aanwezigheid van dekknieën kon de lengte van de opening van het laadruim worden afgeleid: 10,9 meter. Het is aannemelijk dat het laadruim nog wat groter was en doorliep tot aan schotten die de overgang vormden naar het achteronder en de leefruimte in het vooronder. Wegens het

ontbreken van deze schotten is de overgang naar deze ruimten niet exact te bepalen, maar wanneer de begrenzing van het voorkomen van vondsten als grens wordt genomen, is een totale lengte van het ruim van 13,1 meter zeer aannemelijk.

De scheepsvorm laat zich het best omschrijven als die van een log vaartuig. De parallel lopende boorden ter hoogte van het ruim buigen in het achterschip licht af naar het rond-gebouwde achterschip. Deze rompvorm maakt het zeer aannemelijk dat dit schip zwaarden nodig had, die overigens niet op de wraklocatie zijn aangetroffen. De dimensies van OR49 duiden op een scheepsontwerp waarbij men kennelijk het laadvolume liet prevaleren boven de vaareigenschappen. In het ruim is een forse concentratie turf aangetroffen.

De bouw van OR49 is zowel archeologisch als dendrochronologisch scherp te dateren en wel 1638. Dit jaartal is namelijk aangetroffen op de haardplaat, waarop eveneens een zeventiende-eeuwse interpretatie van een Romeinse soldaat staat afgebeeld (Zie afbeelding A op pagina 10). Naar aanleiding van de vondst van een lakenlood met het jaartal 1664 kan vastgesteld worden dat het schip minimaal 26 jaar in de vaart is geweest. De vele vondsten in het wrak maken het mogelijk een vrij gedetailleerd beeld van het leven aan boord te schetsen.

Om te beginnen zijn de in totaal zeven tinnen lepels aan boord over het algemeen een goede indicatie van het aantal opvarenden. Dergelijke binnenschepen konden met een schipper en maximaal twee knechten worden gevaren, dus mogelijk leefde de schipper met zijn fami-

De opgraving van wrak OR49; het voorschip bevindt zich op de voorgrond (foto GIA)

lie aan boord. De restanten van het vooronder geven hiervoor de nodige ondersteuning. Uit de vondsten in deze leefruimte blijkt namelijk dat er veel elementen aanwezig zijn die in zeventiende-eeuwse Hollandse huiskamers pasten: een haard, sierborden en siertegels met niet alleen maritieme elementen, maar ook kinderspelen. De vondst van een mesheft in de vorm van een elkaar omarmend echtpaar wijst eveneens in de richting van een gezinsleven.

Een ander aspect dat uit de vondsten kan worden afgeleid is de levensstandaard van de opvarenden. Niet alleen uit de hoeveelheid waardevolle spullen, maar ook uit de aard ervan kan worden opgemaakt dat het hier gaat om een welvarend schippersbedrijf. In het bijzonder betreft het de vondst van de restanten van twee roemers en een zogenaamde kuttrolf fles, een aanwijzing voor het drinken van wijn. Wijn drinken is in de zeventiende eeuw nog vrij bijzonder.

Een laatste onderwerp waar de scheepsinventaris een beeld van schetst, is de biografie van de schipper. De genoemde Romeinse soldaat op de haardplaat is naast de vondst van een miniatuurkanon, dat gemaakt is van een koperlegering, een mogelijke aanwijzing dat de schipper een veteraan was. Het kanon ligt op een affuit met twee wielen met elk zes spaken. Het stelt een voorlaadkanon op een veldaffuit voor, artillerie die past bij de oorlogsvoering op land. Het zou een geschenk aan of beloning voor de schipper kunnen zijn, voor de dienstjaren die hij in het leger heeft volbracht. Deze interpretatie lijkt aannemelijker dan kinderspeelgoed; voor het laatste is het voorwerp te kostbaar, te kwetsbaar en te gedetailleerd uitgevoerd.

A

De haardplaat met jaartal 1638 met een afbeelding van een man in Romeins ogende klederdracht (foto ADC)

Het koperen mesheft met echtpaar (foto ADC)

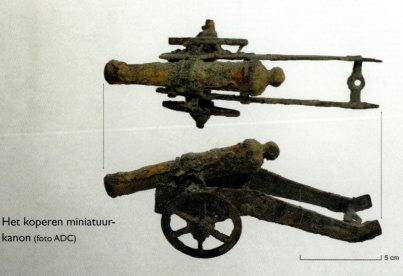

Het koperen miniatuurkanon (foto ADC)

### Blokzijl als thuishaven?

De Hollandse elementen en de militaire aspecten in de scheepsinventaris van wrak *OR49* geven in combinatie met de kenmerken van het schip een mogelijke indicatie voor de thuishaven van de schipper. Verderop zal duidelijk worden dat in de tweede helft van de zestiende eeuw vanuit Friesland en Noordwest-Overijssel een omvangrijke turfexport op Holland ontstond waarbij Zwartsluis en Blokzijl de voornaamste uitvoerhavens waren. Deze laatste stad kreeg een bijzondere functie aan het begin van de Opstand in 1581, nadat Diederick van Sonoy de havenstad veranderde in een verdedigde sluis door er een schans te bouwen. Daarmee had het Staatse leger een uitvalsbasis in Overijssel, die in het eerste kwart van de zeventiende eeuw werd uitgebouwd tot een fort met omwalling en bolwerken, een gracht en een havenkom met een sas (waterkerende sluisdeur). De stad behield haar functie als uitvoerhaven, waar turf vanuit marktpramen uit het achterland werd overgeslagen op Zuiderzeewaardige schepen. Het in *OR49* vastgestelde verband tussen turf, Holland en het Staatse leger komen op historische gronden dan ook sterk naar voren in deze stad. De relatie met *OR49* blijkt bovendien uit de afmetingen van het turfschip. De Staphorstersluis van Zwartsluis was in deze periode slechts 17 voet breed (4,85 m) en daarmee te smal voor het hier beschreven turfschip. Hetzelfde geldt voor de Friese Zuiderzeehavens, die voor kleinere turfschepen bedoeld waren die hun lading vanuit het achterland vervoerden en zonder overslag doorvoeren over de Zuiderzee. Een herkomst van *OR49* uit Holland lijkt niet aannemelijk omdat de turfschipperij door middel van het grootschippersgilde van Blokzijl een min of meer beschermde status genoot. Dit gilde was aan het einde van de vijftiende eeuw onder meer opgericht om het vervoer van turf niet aan de Hollanders te laten. Deze schippers maakten onderlinge afspraken over de handel en kenden hun klanten en de leveranciers uit het achterland. Het is onwaarschijnlijk dat een Hollandse turfhandelaar met een Hollands schip zich in deze markt een positie wist te verwerven. De verzamelde gegevens wijzen er dan ook op dat wrak OR49 de restanten zijn van een turfschip uit Blokzijl. Het jaar 1638 op de haardplaat zou in dit verband kunnen duiden op het jaar waarin de schipper na het voltooien van zijn dienstjaren een nieuw leven als turfschipper op de Zuiderzee was begonnen.

## Van OR49 naar het grote verhaal van de turfvaart

In tegenstelling tot de internationale vrachtvaart in de zeventiende eeuw is het binnenlandse transport nauwelijks op basis van geschreven bronnen te reconstrueren. Men zal in archieven tevergeefs zoeken naar scheepsjournaals van binnenschepen uit het Zuiderzeegebied. Enkele tolregisters vormen de enige administratieve bronnen die bewaard zijn gebleven. Dit maakt dat de wrakken die hier zijn aangetroffen belangrijk zijn om deze tak van de scheepaart te onderzoeken. Het gaat om een databestand dat op dit moment uit ongeveer 500 vindplaatsen bestaat en het is te verwachten dat een vergelijkbare hoeveelheid nog steeds onontdekt in het IJsselmeer en het Markermeer ligt. Wegens het ontbreken van schriftelijke bronnen is het niet verwonderlijk dat in de overzichtswerken over de opkomst en ontwikkeling van de vroegmoderne Nederlandse economie, de binnenvaart nauwelijks een rol speelt. Een van de uitzonderingen vormt de discussie over de rol van turf, een onderwerp dat onlosmakelijk verbonden is met de binnenvaartschipperij. De beschikbaarheid van omvangrijke veengebieden waar turf kon worden gewonnen, heeft aan de basis gelegen van theorieën over de groei van Holland als Europees economisch zwaartepunt in de zeventiende eeuw.

De beschrijving van de scheepsvondst op kavel OR49 biedt scheepsarcheologie een boeiende kleine geschiedenis over het leven aan boord van een turfschip, al is het de vraag in hoeverre de restanten van een schipbreuk te vertalen zijn naar grootschalige sociaaleconomische ontwikkelingen in het verleden. Kan aan de hand van OR49 en de vele andere wrakken in het Zuiderzeegebied aansluiting worden gevonden op het veelal door historici gevoerde debat over de oorsprong van de 'Gouden Eeuw'? Een antwoord op deze vraag kan gevonden worden in een brede kijk op een scheepswrak. Aan de ene kant is een wrak een unieke archeologische bron, een tijdcapsule: gestolde tijd van een ver verleden, waar alle resten met elkaar te maken hebben. Aan de andere kant is een wrak het restant van een economische activiteit die geworteld was in een maritiem systeem dat zich over lange tijd heeft ontwikkeld.

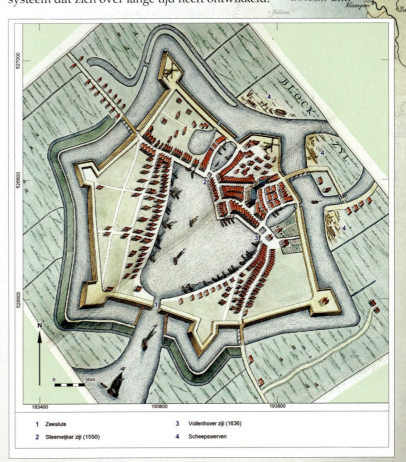

Kaart van Blokzijl van Blaeu uit 1649

Het betreft een complex geheel van turfwinning, handel en transport, waarbij talrijke instanties en individuen betrokken waren. In de keten van handelingen vanaf de veencompagnie naar de eindgebruiker vormen de vrachtschepen een belangrijke schakel. Een scheepswrak kan als onderdeel van een traject worden beschouwd. In de volgende paragrafen wordt dit verder uitgewerkt.

### Van veencompagnie naar eindgebruiker

Het sociaaleconomische systeem waarbinnen de turfschippers opereerden, bestond uit drie elementen: de veencompagnieën, de schippersgilden en de turfmarkten. De oorsprong van de Noord-Nederlandse veencompagnieën is in direct verband te brengen met het uitgeput raken van veengebieden in Holland na 1530. Het ging met name om steekturf, turf gewonnen uit veenafzettingen die boven het grondwaterniveau toegankelijk zijn. De noordelijke steekturf, ook wel Friese turf of fabrieksturf genoemd, was geliefd vanwege de gunstige verbrandingseigenschappen. Hoewel de ontginning van de Noord-Nederlandse veengebieden laatmiddeleeuwse wortels heeft, nemen hier na 1550 de commerciële verveningen sterk toe. Deze verveningsinitiatieven stonden onder directe invloed van de landsheer Karel V en de aan hem verbonden edellieden die kapitaalkrachtig genoeg waren om de turfwinning grootschalig op te zetten.

De eerste compagnieën in het noorden richtten zich op het ontsluiten van veengebieden door het aanleggen van scheepvaartverbindingen met de Zuiderzee, zoals de Heeresloot in Friesland vanaf 1551. Voor het dagelijks bestuur van een veencompagnie was een rentmeester verantwoordelijk. Veengebieden werden ingedeeld in kanalen en wijken waar veenploegen van 6 tot 9 man dagproducties bereikten van ongeveer 10.000 turven: een dagwerk. Deze eenheid diende voor loonbetalingen en voor het verhandelen van de brandstof. Het volume van een dagwerk bedroeg ongeveer 45 m3, een belangrijk gegeven voor berekeningen van turfladingen. Het vervoer van de turf uit het veld gebeurde in de Drentse en de Groningse venen met marktpramen: tot 15 meter lange vaartuigen met een breedte van circa 3 meter en een holte van ongeveer één meter. Hiermee konden de ondiepe kanalen en wijken worden bevaren. De zeventiende-eeuwse turfvaarten in het achterland van Drenthe, Groningen en Overijssel waren niet geschikt voor grotere schepen.

Turfschippers waren schipper-kooplieden die in vrije concurrentie hun vracht inkochten en deze vervolgens zelf aan de man brachten. Zowel de schippers van marktpramen als de 'grootschippers' die op de Zuiderzee voeren, waren verbonden aan schippersgilden. De gilden zorgden niet alleen voor een sterke onderlinge solidariteit van de schippers (gildebroeders), maar ook voor verbondenheid aan hun stad, wat leidde tot een min of meer vastliggend netwerk van transportroutes. Vrachtvaarders die niet tot het gilde behoorden, de buytemannen, verloren de aanbesteding van een vracht wanneer hun prijs gelijk was aan die van een van de gildebroeders. Verder stonden in de gildebrieven voorschriften over de gelijke verdeling van vrachten onder de schippers, waarmee men kennelijk onderlinge concurrentie wilde voorkomen en de transportmarkt wilde verdelen. Een schippersgilde functioneerde aan de ene kant als sociaaleconomisch systeem, dat schippers op basis van solidariteit enige bescherming bood in de handel. Aan de andere kant geven de gildebrieven een inkijk in de omgang met het risico op schipbreuk. De strenge voorschriften voor de duur van het vaarseizoen, de verplichting om te assisteren bij de stranding van een collega schipper en de eisen aan de capaciteiten en leeftijd van de schippers zelf illustreren dit. Via het systeem van gildebussen werd geld ingezameld om schippers na een scheepsramp te compenseren. Hier moet echter niet te veel van voorgesteld worden; de uitkering na een schipbreuk was vooral bedoeld als vangnet voor inkomensverlies.

Zowel bij de turfmarkten in de Zuiderzeehavens als in Holland werkten verschillende overheidsfunctionarissen die toezagen op de turfhandel. Hoofdverantwoordelijk op de turfmarkt waren de keurmeester en zijn opzichter. Vulsters losten de turf en maten de hoeveelheid in geijkte manden. Hun tarieven lagen in ordonnanties vast en wanneer zich fraude voordeed, bestonden er vastgestelde boetes. Naast deze functionarissen waren er lieden voor transport van de brandstof naar de eindgebruikers. Wanneer het turfschip in zijn geheel naar de klant werd gesleept, golden sleeptarieven. Turfdragers verdienden voor transport vanaf de turfmarkt vastgestelde tarieven per eindbestemming. Zowel mannen als vrouwen konden deze beroepen uitoefenen en ook hier waren ze verplicht lid te zijn van een turfdragersgilde waartoe men moest toetreden na het afleggen van een eed. Voordat een Noord-Nederlandse steekturf uiteindelijk in een Hollandse oven verdween, was deze al minstens tien keer door mensenhanden gegaan. Het is dus niet verrassend dat de prijs van turf voornamelijk werd bepaald door arbeidskosten. Daarnaast werd op het hele vaartraject dat deze turf had afgelegd sluis-, brug-

Een steekturf of een fabrieksturf uit wrak *ZL1*, afmetingen 24 x 8 x 7 cm
(foto RCE)

gen- en havengeld geïnd. Uit de inventarisatie van deze kosten blijkt het in totaal om 20% van de marktprijs te gaan.

## Omvang van de scheepvaart op de Zuiderzee in de zeventiende eeuw

De volgende vraag die zich voordoet is, wat was de omvang van de vloot turfschepen die Holland van brandstof heeft voorzien en hoe verhoudt zich dat tot andere sectoren van de scheepvaart? Hiervoor zijn de schaarse gegevens van de turfbelastingen van belang, die naast de eerdergenoemde transactiekosten de markprijs van turf bepaalden. Op basis van bewaard gebleven belasting- en tolgegevens, gecombineerd met schattingen, kan een berekening worden gemaakt van de omvang van de turfhandel en daarmee van de vloot vrachtschepen die hierbij betrokken was. Deze berekening is gebaseerd op drie onderdelen:
(1) de totale turfproductie in Noord-Nederland zoals die door Gerding in zijn boek *Vier eeuwen turfwinning* is gemaakt;
(2) de berekening van de turfbehoefte van Holland op basis van de belasting op brandstof in het project Nationale Rekeningen van de Universiteit Utrecht onder leiding van Van Zanden;
(3) Overijsselse belastinggegevens waaruit de export van turf kan worden afgeleid: de turfimpost en het Ensser geld.
De grafiek (onder) geeft deze gegevens weer.

Wanneer in die grafiek de zeventiende eeuw nader wordt beschouwd, blijkt dat gedurende deze periode vanuit Overijssel in ongeveer de helft van de turfbehoefte van Holland werd voorzien. Het andere deel moet geleverd zijn door vrachtschepen uit Groningen en Friesland. De eerdergenoemde eenheid dagwerken kan worden omgerekend naar scheepsladingen. Uit berekeningen van het laadvermogen van vrachtschepen uit het Zuiderzeegebied is gebleken dat deze een gemiddeld laadvermogen van 75 ton hadden en 2 tot 3,5 dagwerken per schip konden vervoeren. Het aantal turfreizen naar Holland per jaar is afgeleid uit getuigenissen van negentiende-eeuwse turfschippers uit Overijssel. Voor turfschepen uit de Overijsselse Zuiderzeehavens werden jaarlijks ongeveer 20 en uit Friesland en Groningen 10 - 15 reizen ondernomen. Uit de combinatie van alle gegevens is vervolgens berekend dat de turfvloot die nodig was om Holland van brandstof te voorzien gedurende de hele zeventiende eeuw ruim 600 heeft bedragen.

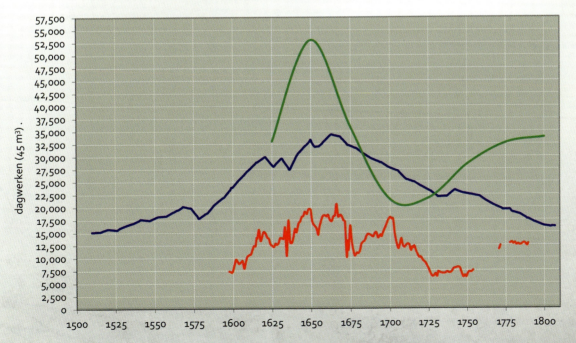

Weergave van de turfproductie, consumptie en transport vanuit Overijssel door de tijd heen.

Om te bepalen hoe dit zich verhoudt tot het totale aantal vrachtschepen van de binnenvaart in deze periode, is gebruik gemaakt van een inventarisatie van de belastingdienst uit 1808, waaruit blijkt dat er in die periode in heel Nederland 18.421 beroepsmatige binnenvaartvrachtschepen bestonden. Binnen dit grote aantal bedraagt de groep met een laadvermogen kleiner dan 20 last (40 ton) 16.176 vaartuigen, bijna 88%. Op basis van dezelfde bron kan het aantal grote binnenvaartvrachtschepen, zoals in deze studie centraal staat, voor heel Nederland worden vastgesteld op 1337 vaartuigen. Wanneer dit aantal wordt gekoppeld aan de omvang van de bevolking en naar verhouding wordt teruggerekend naar het midden van de zeventiende eeuw, leidt dit tot een totaal aantal van 1111 vrachtschepen met een laadvermogen van meer dan 40 ton. Deze vrachtschepen voeren over alle Nederlandse wateren. De fulltime bij de turfvaart op Holland betrokken vrachtschepen vormden daar ruim de helft van.

De omvang van de vloot waterschepen bedroeg volgens Ypma 90 in 1550 en 130 rond 1600. Het is aannemelijk dat dit aantal in de zeventiende eeuw stabiel bleef of zelfs licht groeide, omdat het waterschip een nevenfunctie ging vervullen als sleepvaartuig. De vloot grotere visserssschepen met een bun berekent Ypma in 1812 op 438 en rond 1850 op 696. Als we ervan uitgaan dat de vloot visserssschepen meegroeide met de bevolkingstoename, kan het aantal schepen van deze sector in de zeventiende eeuw rond de 400 (inclusief de waterschepen) heeft geschommeld. Van de kleinere visserssvaartuigen kan voor de onderzoeksperiode geen reële schatting worden gemaakt.

De beurtvaart is een sector die zich beter laat kwantificeren. Cijfers uit het begin van de achttiende eeuw geven een idee van de intensiteit en fijnmazigheid van dit vervoersnetwerk: per week vertrokken 800 beurtschepen naar 121 verschillende bestemmingen. Wanneer alleen naar de afvaarten in het Zuiderzeegebied met bestemming Amsterdam rond 1700 wordt gekeken, kan worden opgemaakt dat vanuit Hoorn, Enkhuizen en Workum meerdere schepen per dag naar deze stad vertrokken en zeventien schepen vanuit andere steden. Over de binnenzee naar Amsterdam voeren acht afvaarten meerdere keren per week en zeven eens per week of minder. Dit komt neer op een dagelijkse vloot van tussen de 30 en 50 op Amsterdam varende beurtschepen over de Zuiderzee. Vervolgens was er ook tussen de andere aan dit vaargebied gerelateerde steden gereguleerde overzeese beurtvaart. Als we ervan uitgaan dat alle aan de Zuiderzee gelegen Hollandse stedelijke centra minimaal een eenzijdige veer hadden met de belangrijkste overzeese kustplaatsen, zou dat betekenen dat er nog eens 56 beurtschepen dagelijks over de Zuiderzee voeren. Een aantal van 100 beurtschepen die dagelijks op de Zuiderzee voeren lijkt daarmee aannemelijk. Het betreft in totaal jaarlijks minstens 1100 vaartuigen met een afmeting van meer dan 15 meter. Verder hebben talrijke kleine beroepsvaartuigen de binnenzee dagelijks bevaren, waarvan het vrijwel onmogelijk is een reële schatting te maken. Verder hadden de kust- en de internationale zeevaart eigen vaarroutes over de binnenzee.

De omvang van de Nederlandse koopvaardijvloot, de schepen die voor de VOC en de WIC voeren, bedroeg samen in deze tijd ongeveer 1750 - 2000 schepen, volgens Bruijn. De vloot haringbuizen, die voornamelijk in Enkhuizen geconcentreerd was, telde 500 - 600 vaartuigen. Van het aantal walvisvaarders zijn geen concrete administratieve getallen voorhanden. Op basis van bevrachtingcontracten kan dit aantal in deze periode rond de 70 hebben gelegen. Ten slotte was er nog de vloot van de vijf admiraliteiten, die na de vernieuwing in 1654 bestond uit 64 schepen. Van deze vele schepen arriveerde een deel regelmatig in een Zuiderzeehaven. Zo werden op het hoogtepunt van de scheepvaartintensiteit in de zeventiende eeuw in de haven van Amsterdam per jaar meer dan 5000 betalingen van lastgeld, een belasting op de grotere zeegaande schepen, geregistreerd. Al met al is het een enorme bedrijvigheid geweest van grote en kleine vaartuigen uit alle windstreken uit binnen- en buitenland. Schilderijen en etsen van de haven van Amsterdam en het IJ uit deze tijd lijken soms wat overdreven in het afbeelden van eindeloos veel masten. Op basis van het voorgaande kan aan de ene kant geconcludeerd worden dat dit toch een reële weergave van de werkelijkheid moet zijn geweest. Aan de andere kant is gebleken dat van de scheepvaart op de Zuiderzee, de turfschipperij de voornaamste sector was.

### De Zuiderzee en de vrachtvaart

Het ontstaan en de ontwikkeling van de binnenzee is in tal van onderzoeken uitvoerig behandeld. Het betreft een proces waarbij de oorspronkelijke veenbarrière tussen de kop van Noord-Holland en Friesland geleidelijk erodeerde en de Noordzee via het Vlie en het Marsdiep steeds meer invloed kreeg. De Zuiderzee kreeg uiteindelijk haar grootste omvang rond 1600 en kan worden onderverdeeld in een kom (het zuidelijke deel) en een trechter (het noordelijke deel) waar een sterk verschil heerste in vaaromstandigheden. De relatie tussen de ontwikkeling van de scheepvaart en het veranderde maritieme milieu is relevant voor deze studie naar vrachtschepen. Scheepsarcheologische gegevens laten tot op heden een vrij uniform beeld van de datering van de Zuiderzeefase na 1600 zien. In de Noordoostpolder is vastgesteld dat het in 1610 gedateerde vissersschip op kavel NO99 volledig was afgedekt met een laag zeeschelpen. Aanwijzingen voor de overgang naar de Zuiderzeefase in het zuidelijke deel van de binnenzee zijn aangetroffen bij wrak ZL1. Dit schip is vergaan in het eerste kwart van de zeventiende eeuw en in het bodemprofiel is een vergelijkbare doorlopende zandige schelpenlaag aangetroffen. Deze Zuiderzeeafzettingen laten duidelijk zien dat de nautische omstandigheden na 1600 veranderden: de aanwezigheid van zandige afzettingen duidt op sterkere stromingen en getijdenwerking. Ondanks de toegenomen mariene invloed, is van een volledige, permanente verzilting van het Zuiderzeegebied vermoedelijk nooit sprake geweest. De in de binnenzee uitmondende rivieren behielden hun afvoer en zorgden rondom de mondingen voor brakke omstandigheden die door het jaar heen, afhankelijk van het debiet, invloed hadden op de saliniteit.

Vervolgens is de vraag hoe een overtocht van een turfschip over de Zuiderzee in de praktijk in zijn werk ging. Om de relatieve afstand van een dergelijke reis in termen van tijd te bepalen, geeft Van Loon enige informatie. Hij beschrijft dat bij zuidwestenwind een Veerman uit Woudsend twaalf uur, een beurtschip achttien uur en een tjalk vierentwintig uur reistijd had van Lemmer naar Amsterdam. Voor deze koers moest grotendeels aan de wind worden gevaren, wat neerkomt op een afgelegde afstand van ongeveer 120 kilometer. Dit betekent dat de vaarsnelheid van de genoemde tjalk vijf kilometer per uur zou bedragen. Hogere snelheden bij ruimere koersen zijn goed mogelijk en afhankelijk van de windsnelheid en

de windrichting. De overheersende windrichting in Nederland is zuidwest. Voor een turfschip met een deklast, vertrekkend uit de Kop van Overijssel, is een dergelijke windrichting ongunstig, omdat de zeileigenschappen door deze manier van laden afnemen en zodoende minder goed aan de wind gevaren kan worden. Deze turfschepen zochten daarom vaak een ankerplaats bij de rede van Schokland en wachtten daar op geschikte wind. Op het moment dat windrichting en windsterkte gunstig waren, zal de tocht ruim binnen een etmaal zijn voltooid. Voor de binnenlandse trajecten vanuit Groningen en Friesland is een inschatting van de reisduur minder eenvoudig te

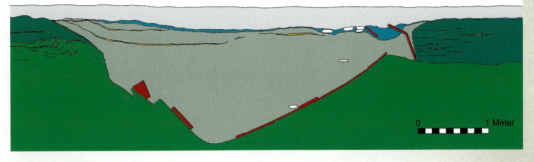

De doorsnede van wrak ZL 1 in de Zuiderzeebodem, bovenin een zandlaag met mariene schelpen)

maken. Oponthoud bij bruggen, sluizen en niet bezeilde trajecten zullen ertoe hebben geleid dat een snelheid van vijf kilometer per uur doorgaans niet haalbaar was. Daar komt bij dat 's nachts varen bij binnenlandse routes onmogelijk moet zijn geweest, niet alleen wegens zichtproblemen, maar vooral omdat bruggen en sluizen niet werden bediend.

Retourvrachten waren noodzakelijk voor de bedrijfsvoering van de turfschippers. De belangrijkste afnemende industrieën van turf waren fabrieken waar baksteen, kalk en zout werden gemaakt. Daarnaast vormden diverse industrieën, de trafieken en ambachten in de steden een afzetmarkt. Deze leverden echter maar in beperkte mate een retourvracht op. De voornaamste redenen hiervoor zijn dat de vraag naar Hollandse producten in het noordoosten van het land beperkt was en dat het transport van de eindproducten van de industrieën werd verzorgd door beurtschepen en kleine binnenlandse vaartuigen. De vraag naar stedendrek (stadsafval, mest) om de dalgronden van Drenthe en Groningen, de zandgronden die na de vervening overbleven, vruchtbaar te maken, moet

Legenda
- Ploegzone
- Almere-afzettingen, zandig
- Almere-afzettingen, kleiig
- Schelpenconcentratie
- Zandlaagjes
- Zandlaag met mariene schelpen
- Afzettingen gedurende wrakvorming
- Scheepshout

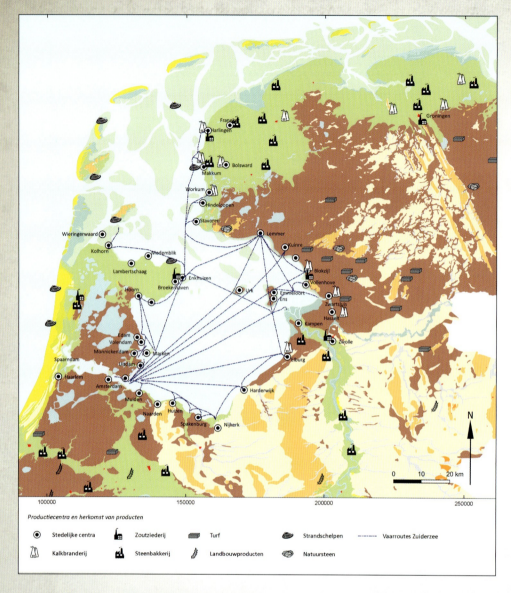

Kaart met de voornaamste herkomstgebieden en transportroutes van bulkgoederen in het Zuiderzeegebied

enige omvang hebben gehad. Gegevens om dit te onderbouwen zijn echter schaars. Aannemelijk is dat minder dan de helft van de turfreizen een retourvracht opleverde. Schepen voeren dan ook daadwerkelijk leeg terug over de Zuiderzee, zoals uit de vele leeg aangetroffen scheepswrakken van vrachtschepen is gebleken.

**Scheepsbouw van binnenschepen**

De scheepsbouwkundige ontwikkeling van vrachtschepen voor de binnenvaart is uit de vele scheepsvondsten uit het Zuiderzeegebied goed te reconstrueren. Er lijkt een vrij consistente hoofdlijn te onderscheiden, waaraan de laat-middeleeuwse koggenbouw een stevig fundament heeft gegeven. De verschillende ontwerpen die uit de late middeleeuwen naar voren zijn gekomen,

vallen uiteen in de bouworden van de platbodems met ronde spanten en knikspanten. Bij het wrakkenbestand van het Zuiderzeegebied kan binnen deze twee bouworden een tweeverdeling worden gemaakt op basis van de aan- of afwezigheid van overnaadse boorden. In de groep vrachtschepen die is aangemerkt als de bouworde van de knikspanten, zijn de veranderingen geïnterpreteerd als aanpassingen aan de hiervoor beschreven veranderende nautische omstandigheden op de Zuiderzee en de toegenomen vraag naar scheepsruimte. De bouworde van de rondspanten heeft zich uitgestrekt over een groter vaargebied dan de Zuiderzee.

Vooral de eerste helft van de zestiende eeuw lijkt een periode te zijn geweest waarbij volop geëxperimenteerd is met bouworden en overnaadse scheepsbouwtechnieken. Uiteindelijk zijn in deze periode bij de platbodems met rondspanten de overnaadse boorden geheel verdwenen, terwijl deze bij knikspanten bleven bestaan. In de zeventiende eeuw ontwikkelen de vrachtschepen zich tot vaartuigen waarbij de eisen voor goede vaareigenschappen dominant zijn in het ontwerp. Dat komt naar voren uit de rondspanten met een kielbalk, zwaarden, vol uitgevoerde boegen en een rompvorm die relatief breed is rond de zeilbalk en duidelijk smaller toeloopt naar het achterschip. Verder is in deze fase het zwaarder uitgevoerde vlak nog steeds goed herkenbaar. Het gaat om een complex scheepsontwerp, waarbij in de vorm van de doorsnede van het schip van achteren naar voren subtiele veranderingen zijn te onderscheiden. Hetzelfde geldt voor de zeventiende-eeuwse schepen met knikspanten, waarbij is vastgesteld dat de volheid in de boegen werd verkregen door het laten oplopen van het vlak. Ook deze zijn relatief breed en hebben als breedste punt de zeilbalk. Bij de achttiende-eeuwse ontwerpen valt op dat de vrachtschepen een sterk vereenvoudigde rompvorm vertonen. De laadruimen van beide bouworden worden langwerpiger, smaller en rechter en voor de afwerking van de boegen zijn oplossingen gekozen die de sterke rondingen van de dunner uitgevoerde huidplanken ondersteunen. De toename van de laadvolumes zijn bij deze scheepsontwerpen niet spectaculair, ze liggen in de orde van 10%. De representanten van de negentiende-eeuwse vrachtschepen zijn qua ontwerp vergelijkbaar, maar in alle dimensies groter uitgevoerd. Deze hebben dan ook 30% meer laadvolume. Het verschil tussen de diktes van de huidplanken in het vlak en de boorden verdwijnt geleidelijk vanaf de achttiende eeuw; uiteindelijk worden alle planken bij de negentiende-eeuwse vaartuigen, op het berghout na, nagenoeg even dik. Het is een kleine stap om het ontwerp van deze houten vrachtschepen te herkennen in latere ijzeren uitvoeringen.

### Conclusie

Het onderzoek naar de turfvaart op de Zuiderzee heeft geleid tot een synthese van vele gegevens uit dit bijzondere onderzoeksgebied. Turf is een belangrijk onderwerp in de Nederlandse geschiedenis, dat raakvlakken heeft met sociaaleconomische processen, binnenvaart, scheepsbouw, de waterstaat en de verandering van het landschap. In dit artikel zijn enkele aspecten hiervan bondig toegelicht. De vraag naar de rol van de binnenvaart bij de spectaculaire ontwikkelingen in Nederland in de zeventiende eeuw, is niet eenvoudig te beantwoorden. Allereerst moet worden vastgesteld dat alle voorwaarden voor economische groei in de late middeleeuwen al aanwezig waren. Het betreft onder meer een relatief grote bevolkingsomvang, een stedenlandschap en een relatief vrije en op handel gerichte burgerij. Door externe katalysatoren, die alle verband houden met de Opstand tegen de Spaanse overheerser, kwam deze groeikracht tot bloei. Hierbij kan onder meer gedacht worden aan de instroom van rijke handelslieden uit Antwerpen.
In aanvulling hierop is in het kader van het onderzoek naar de turfvaart gesteld dat twee interne katalysatoren eveneens een belangrijk effect op de economie hebben gehad. De eerste is de gedwongen oriëntatie van de Hollandse energiemarkten op de noordelijke veengebieden na circa 1530 en de sterke verandering van de Zuiderzee tussen 1575 en 1625. Deze twee ontwikkelingen hebben er namelijk toe geleid dat het binnenlandse maritieme landschap zich sterk ging ontwikkelen en de scheepsbouw en alle aanverwante activiteiten een grote impuls kregen. Uit de scheepsarcheologische gegevens blijken een forse schaalvergroting van vrachtschepen, scheepsbouwkundige innovaties en een toegenomen specialisatie. De ontginning van veengebieden, de aanleg van kanalen en de uitbreiding van maritieme infrastructuur kan voor een belangrijk deel aan de turfvaart worden toegeschreven. Dankzij de turfvaart ontstond een efficiënt maritiem transportlandschap met de Zuiderzee als centrum, waar de vroegmoderne economie als geheel van profiteerde.

### Verantwoording

Voorgaande tekst is gebaseerd op het proefschrift: *De Zuiderzee als transportlandschap. Historische maritieme archeologie van de turfvaart (1550-1700)*. Het boek is te downloaden via: (PDF) Proefschrift / dissertatie / PhD thesis: *De Zuiderzee als transportlandschap. Historische maritieme archeologie van de turfvaart (1550-1700)* | Wouter Waldus - Academia.edu
Daarnaast kan een gedrukte versie van het proefschrift on demand worden besteld bij uitgeverij Barkhuis in Eelde: www.barkhuis.nl

De Kamper kogge in aanbouw. De koggebouwtraditie ligt aan de basis van de hier beschreven bouworden van vrachtschepen in het Zuiderzeegebied.

### Literatuur

- Bruijn, J.R., *Varend verleden. De Nederlandse oorlogsvloot in de 17e en 18e eeuw*, Amsterdam, 1998.
- Fuchs, J.M., *Beurt- en wagenveren*, Den Haag, 1946.
- Gerding, M.A.W., *Vier eeuwen turfwinning*, Houten (Dissertatie Landbouwuniversiteit Wageningen), 1995.
- Jong, C. de, *Walvisvaart*, in: Akveld, L.M., S. Hart en W.J. van Hoboken (red.), *Maritieme geschiedenis der Nederlanden 2*, Bussum, 1979, p. 309-315.
- Lesger, C., *De wereld als horizon, de economie tussen 1578 en 1650, 2004*, in: Frijhoff, W. en M. Prak (red.), *Geschiedenis van Amsterdam, centrum van de wereld 1578-1650*, p. 103-188.
- Loon, F.N. van, *Beschouwing van den Nederlandschen scheepsbouw met betrekking tot het deszelfs zeilaadje*, Haarlem 1820 (facsimile uitgave 1980).
- Willemsen, R., *Enkhuizen tijdens de Republiek. Een economisch-historisch onderzoek naar stad en samenleving van de 16e tot de 19e eeuw*, Hilversum, 1988.
- Vries, J. de en A. van der Woude, *Nederland 1500-1815. De eerste ronde van economische groei*, Amsterdam, 2005.
- Ypma, Y.N., *Geschiedenis van de Zuiderzeevisserij*, Amsterdam (Dissertatie UvA), 1962.
- Zanden, J.L. van: *Reconstructie Nationale rekeningen*: http://www.cgeh.nl/reconstruction-national-accounts-holland-1500-1800-0

*Graddy Boven*

# Op de rand van de afgrond
## De zeeslag bij Solebay, 7 juni 1672

Lodewijk XIV trekt via de Rijn Nederland binnen. Potlood op papier door Jack Staller, 2004.
Particuliere collectie

*In de zomer van 1672 was de situatie in Nederland weinig florissant. In het zuiden had de Franse koning Lodewijk XIV met zijn geoefende leger geen probleem om de verwaarloosde defensie van de Republiek omver te werpen. Ook Christoph Bernard Freiherr von Galen, de bisschop van Münster, die met zijn troepen vanuit het oosten het land binnendrong, ondervond weinig tegenstand. In het westen dreigde vanaf zee Engels gevaar. De Hollandse tuin, het ideaalbeeld van een onaantastbaar Nederland en de verdediging vanuit zee, wankelde. Verslag van de zware strijd ter zee in de aanloop naar de Derde Nederlands-Engelse oorlog (1672 - 1674).*

*Rechterpagina:*
Michiel Adriaenszoon de Ruyter. Olieverf op doek door Ferdinand Bol.
Collectie Rijksmuseum

Na de brutale aanval op Chatham (9-14 juni 1667) en de Vrede van Breda (31 juli 1667) was het een tijd rustig in de Republiek der Verenigde Nederlanden. Jaar na jaar was voorbijgegaan met een vergadering hier en iets organiseren daar. Het leek alsof de tijd even stilstond. De Republiek had in 1668 met Engeland en Zweden de Triple Alliantie gesloten, waarin was afgesproken dat zij elkaar zouden steunen in het geval een van hen aangevallen zou worden. Maar in hoeverre waren de Engelsen daarin te vertrouwen? Een terechte veronderstelling, zo zou later blijken. Vooralsnog traden zij gezamenlijk op tegen de nimmer aflatende kaapvaart in de Middellandse Zee. Frankrijk was langzamerhand een groot probleem geworden. Van hen ging veel dreiging uit. De Franse koning Lodewijk XIV had zijn oog op de Zuidelijke Nederlanden laten vallen en dat gaf voldoende reden om de oorlogsvloot op het ergste voor te bereiden. Vol energie stortte luitenant-admiraal Michiel Adriaanszoon de Ruyter zich op zijn werk.

Eind juni 1671 was hij met de vloot op zee en in juli kruiste De Ruyter over de Noordzee met luitenant-admiraal Willem Joseph van Ghent en admiraal Adriaen Banckert aan zijn zijde. Achteraf bleek dat het vier maanden oefenen van manoeuvres heel nuttig was geweest. Engeland zou spoedig zijn ware gezicht tonen.

**Links:**
Willem Joseph van Ghent. Olieverf op doek door Jan de Baen.
Collectie Rijksmuseum

**Rechts:**
Adriaen Banckert. Olieverf op doek door Hendrick Berckman, 1673.
Collectie Rijksmuseum

Terwijl de Nederlanders nog geloofden in de alliantie met Engeland en Zweden, hadden de Engelse koning Karel II en Lodewijk XIV op 1 juni 1670 in het geheim het Verdrag van Dover gesloten. Engeland zou, in ruil voor Franse steun, uit het bondgenootschap met de Republiek stappen en zich bij Frankrijk aansluiten. Het was precies wat Karel II wenste. Hij wilde de verhouding tussen Frankrijk en Nederland verstoren en de gevoelige nederlaag bij Chatham wreken. De bisschoppen van Münster en Keulen sloten zich bij Frankrijk en Engeland aan, waarmee een krachtig blok tegen de Republiek ontstond. Het stelsel van buitenlandse verdragen waarop raadspensionaris Johan de Witt vertrouwde, stortte als een kaartenhuis ineen.

### Schermutselingen

Op 24 augustus 1671 haalden de Engelsen met het koningsjacht *Merlin* Dorothy Osborne Temple, de vrouw van de Engelse gezant William Temple, in Nederland af. Op de terugweg naar Engeland

**Links:**
Karel II, koning van Engeland. Gravure en boekdruk door Cornelis van Dalen naar het schilderij van Pieter Nason.
Collectie Rijksmuseum

**Rechts:**
Lodewijk XIV, koning van Frankrijk. Gravure en ets door Gerard Edelink naar het schilderij van Jean de la Haye, 1667.
Collectie Rijksmuseum

Op de rand van de afgrond 21

Johan de Witt. Olieverf op doek door Jan de Baen, 1643.
Collectie Rijksmuseum

**Rechts:**
Willem III. Olieverf op doek door Willem Wissing, 1680.
Collectie Rijksmuseum

liet zich naar het koningsjacht roeien. Van Ghent ging aan boord en begroette Dorothy Osborne Temple, die hij nog van vroeger kende. Henry Bennet, de graaf van Arlington en kapitein van de *Merlin* drong er bij Van Ghent op aan de vlag te strijken en de marsra te laten vallen, maar die weigerde dat beleefd. *Ik strijk enkel de vlag voor een oorlogsschip en aangezien uw jacht geen schip van oorlog is, ben ik dat niet aan u verplicht!* De Engelse gezant George Downing maande de Staten-Generaal daarop Van Ghent voor zijn gedrag te

waren zij dwars door de Nederlandse vloot gevaren, die ter hoogte van Den Briel druk was met provianderen en schoonmaken van schepen. Het Engelse jacht vuurde volgens het verdrag van 1663 saluutschoten af, maar dat werd te laat opgemerkt. Het beantwoorden van de begroeting bleef uit, omdat *De Zeven Provinciën*, het vlaggenschip van Michiel de Ruyter, op haar zij lag om gekrengd te worden en geen kanonnen kon afvuren. In plaats daarvan gaf Van Ghent vanaf de *Gouden Leeuw* zeven saluutschoten af. De Ruyter, die begreep dat zich belangrijke vertegenwoordigers aan boord van het koningsjacht bevonden, liet *De Zeven Provinciën* in rap tempo recht leggen en gaf, alhoewel het te laat was, negen begroetingssalvo's af. De Engelsen waren ontstemd en ook de Nederlanders raakten geïrriteerd. Tijdens het afvuren van haar kanonnen had de *Merlin* recht op de *Gouden Leeuw* van Van Ghent geschoten wat consternatie opleverde. Hij eiste opheldering en

straffen. In navolging van de klacht werd eenieder op het hart gedrukt de richtlijnen van de vrede van Breda strikt na te leven en toe te passen. Langzamerhand liepen de gemoederen op.

**In de aanval**
Een Engels eskader, onder bevel van admiraal Robert Holmes, maakte op 23 en 24 maart 1672 bij het eiland Wight enkele rijk beladen Nederlandse schepen uit de Smyrna-vloot onder Adriaan de Haze buit en schond daarmee de vrede van 31 juli 1667. Tot drie keer toe viel Holmes aan en ondanks het verlies van vier schepen en het sneuvelen van De Haze, wisten 30 schepen de veilige thuishaven te bereiken. Het was duidelijk dat de strijd om het voortbestaan van de Republiek een aanvang had genomen. De Engelsen zochten naar redenen om Nederland aan te klagen en op respectievelijk 6 en 7 april 1672 verklaarden Frankrijk en Engeland de oorlog aan de Republiek.

Aan de Zweden werd dringend duidelijk gemaakt dat zij zich afzijdig moesten houden. De Engelse oorlogsverklaring bestond uit een opeenstapeling van rancune en vage uitstaande schulden. Die van de Fransen was daarentegen beter onderbouwd. Zij deden een beroep op het devolutierecht. Dat hield in dat bij overlijden van één van de ouders alle roerende en onroerende bezittingen overgingen op de kinderen. Uitgaande van dat recht eiste Lodewijk XIV de Zuidelijke Nederlanden op voor zijn echtgenote Maria-Theresia. De verklaringen van de bisschoppen van Münster en Keulen volgden even daarna. Om de eenheid te bewaren, had Johan de Witt op 25 februari op aandringen van Gelderland, Zeeland, Friesland en Oranjegezinde steden, waaronder Enkhuizen, met tegenzin de jonge prins Willem tot kapitein-generaal van de Unie voor één veldtocht benoemd. De Witt liet soldaten in het buitenland werven, probeerde de vestingen in hoog tempo te versterken en vertrouwde op de afweer van de Hollandse waterlinie. Aaneengesloten stukken laaggeleden polderland tussen Muiden en de Merwede stonden op het punt onder water gezet te worden.

Christoph Bernard Freiherr von Galen, de bisschop van Münster. Staalgravure door Christiaan Lodewijk van Kesteren naar het schilderij van Christiaan Hagen, 1842.
Particuliere collectie

De situatie in Nederland was penibel en het leger uiterst zwak. Al jarenlang had het landleger geen oorlog meer gevoerd en was te weinig aandacht aan de infrastructuur voor de landverdediging besteed. Op 22 mei passeerde Lodewijk XIV met een uitstekend geoefend leger de Maas. De koning had bekwame bevelhebbers onder wie Frans Hendrik van Montmorency, de prins van Condé en Hendrik de la Tour d'Auvergne, burggraaf van Turenne aan zijn zijde. Ook Christoph Bernard Freiherr von Galen, de bisschop van Münster, en Maximiliaan van Beieren, de bisschop van Keulen, die met hun troepen vanuit het oosten het land binnendrongen, rukten in rap tempo op en in het westen dreigde Engels gevaar.

### Vlootvorming over en weer

De Engelsen hadden samen met de Fransen een grote vloot bijeengebracht. De Nederlandse oorlogsvloot was weliswaar bescheidener van omvang, maar de bemanning was beter voorbereid. De Ruyter meende dat de relatief jonge samenwerking tussen de Engelsen en de Fransen zich eerst nog maar eens moest bewijzen. Karel II en Lodewijk XIV wilden de Nederlandse zeemacht verslaan om zo de weg vrij te maken voor een landing op de kust. Zij hadden het plan bij Zeeland aan land te gaan en wilden van daaruit naar Holland doorstoten. De Engelsen en de Fransen beschikten over een vloot van 93 schepen, 24 branders, 6158 kanonnen en 34496 opvarenden. Onder hen bevonden zich de *Royal Prince*, de *Royal James* en de *Royal Sovereign*. Koning Karel II had de vloot persoonlijk geïnspecteerd en met complimenten gestrooid over de uitrusting. De Fransen, die voor de eerste keer deel zouden gaan nemen aan een zeeslag, brachten onder andere het trotse admiraalsschip *Saint Philippe* in. Aan Nederlandse zijde was de vlootuitrusting traag op gang gekomen. De financiële ondersteuning schoot tekort, waardoor De Ruyter slechts over de helft van het totale aantal oorlogsschepen beschikte. Om de tekorten in hoog tempo aan te vullen reisde hij heen en weer tussen Hellevoetsluis, Amsterdam, Rotterdam en Den Haag en had veel contact met Johan de Witt. Om de daadkracht te vergroten had De Witt in 1671 het Geheime Besogne opgericht. In dat orgaan sprak hij met leden van de Staten-Generaal over zeezaken, die zonder overleg met de voltallige vergadering bekrachtigd konden worden. Uiteindelijk werd acht miljoen gulden bijeengebracht en telde Nederland in het voorjaar van 1672 75 schepen, 22 adviesjachten, 32 branders, 4484 kanonnen en 20738 bemanningsleden. De Ruyter, die vanaf 19 april met zijn vrouw Anna van Gelder in Hellevoetsluis verbleef, beschikte naast Banckert en Van Ghent over ervaren officieren onder wie Aert Jansse van Nes, Isaac Sweers, Johan (Jan) Evertsen de Liefde, Volckert Adriaenszoon Schram, Cornelis Evertsen de Jongste, Enno Doedes Star, Jan Jansse van Nes, Jan den Haen, Jan Mathijszen, David Vlugh en Hendrik van Bruinsvelt. Hij verdeelde de vloot in drie eskaders over welke hijzelf, Van Ghent en Banckert het bevel voerden. Dankzij een betrouwbaar verkenningsnetwerk, was De Ruyter al in een vroeg stadium op de hoogte waar de vijandelijke vloot zich bevond. Hij had kapitein Filips de Munnik aan boord van de *Essen* met enkele fregatten naar de Engelse kust gezonden. Op 13 mei keerde De Munnik met informatie terug. Desondanks kon De Ruyter niet voorkomen dat de Engelse en Franse schepen zich op 14 mei 1672 bij Portsmouth verenigden. Het streven bleef een blokkade van de Nederlandse kust en het voorkomen van een embargo op de graaninvoer uit de Oostzee. Hoe eerder de vijand werd aangevallen hoe beter. De Ruyter, aan boord van *De Zeven Provinciën*, verzamelde op 29 april zijn schepen bij Texel.

Ook raadspensionaris Johan de Witt was aanwezig. Hij hielp mee de vloot uit te rusten en moest vanuit een sloep de diepte meten, omdat de loodsen weigerden een veilige doorvaart door het Spanjaardsgat (Jan de Wittsgat) te verlenen. Zij meenden dat de grootste oorlogsschepen te zwaar waren om het zeegat te passeren. Op verzoek van De Ruyter voegde Cornelis de Witt, de broer van de raadspensionaris, zich op 9 mei met oorlogsschepen van de Amsterdamse Admiraliteit bij hen. Cornelis was in april tot gevolmachtigde van de Staten-Generaal benoemd en genoot het volste vertrouwen van De Ruyter. Tijdens de tocht naar Chatham had De Witt grote indruk op hem gemaakt en vandaar dat hun weerzien allerhartelijkst was. De broer van Johan de Witt was de belichaming van het politieke gezag van de Staten-Generaal en het militaire oppergezag van de vloot. Cornelis gaf De Ruyter opdracht de vijand zoveel mogelijk te beschadigen en voor een tweede keer de Medway op te varen.

Om de actie bij Chatham succesvol te kunnen herhalen was haast geboden. De snelheid ontbrak dit keer, omdat het te lang duurde eer alle schepen bijeenwaren. De smaldelen van het Noorderkwartier en Friesland lieten even op zich wachten en het eskader van de admiraliteit van Zeeland meldde zich pas op 9 mei. Op 12 mei was de volledige vloot ter hoogte van Walcheren bijeen. Op grond van informatie van kapitein Flyster, die zich aan boord van *De Zeven Provinciën* meldde, vermoedde De Ruyter dat de vijand zich bij Duins ophield. Hij zeilde er naartoe, maar trof daar slechts zes kleine schepen aan. Daarop keerde De Ruyter naar de Zeeuwse kust terug, omdat nieuw vergaarde informatie aangaf dat de Engelse en Franse schepen daarheen waren gevaren. Na Walcheren bereikt te hebben, werd ook hier de vijand niet aangetroffen. Naar bleek waren zij naar Solebay teruggekeerd om victualie en munitie in te nemen. Desondanks was de stemming aan boord van de Nederlandse schepen opperbest en het vertrouwen groot. Tot twee keer toe kreeg De Ruyter vijandelijke zeilen in zicht die zich snel uit de voeten maakten.

Cornelis de Witt. Olieverf op doek door Jan de Baen, 1667.
Collectie Rijksmuseum

### In de aanval
Vanaf 15 mei 1672 kruiste de Nederlandse vloot de vijand richting het Koningsdiep tegemoet. Aangekomen bij Noord-Voorland bleek dat de Engelsen de riviermonding hadden versterkt met twee nieuwe forten die elk waren bewapend met 90 kanonnen. Van Ghent deed een poging landinwaarts te varen, stuitte bij fort Sheerness op veel tegenstand en keerde op 17 mei bij de hoofdmacht terug. De Witt en De Ruyter, die wisten dat even verderop een Engels eskader in de Theems lag, twijfelden sterk om de actie voort te zetten. Nog een keer de Medway opvaren was gezien de situatie te riskant en in plaats daarvan besloten zij de vijand op zee aan te vallen. Op 28 mei wachtte de Nederlandse vloot de Engelsen en de Fransen af bij de Galloperbank. Op 30 mei bleef het gebulder van kanonnen vooralsnog uit. Desondanks voelde De Ruyter dat de strijd aanstaande was. De slag bij Solebay (Sole Bay), de eerste zeeslag van de Derde Engels-Nederlandse Oorlog (1672-1674)

*Links:*
James (Jacobus) Stuart, de hertog van York. Gravure door Cornelis van Dalen naar het schilderij van Simon Luttichuys, 1664. Collectie Rijksmuseum

*Rechts:*
Edward Montagu, graaf van Sandwich. Gravure door Abraham Bloteling naar het schilderij van Peter Lely. Collectie Rijksmuseum

nabij Southwold in Suffolk aan de oostkust van Engeland, stond op het punt te beginnen. Op 31 mei brak aan boord van *De Zeven Provinciën* de grote ra in tweeën, die door deskundig optreden binnen 24 uur gerepareerd werd. In de nacht van 2 op 3 juni voer de *Stad Utrecht* onder kapitein Jan Davits Bond tegen *De Zeven Provinciën* aan omdat die onverwachts overstag was gegaan. De schade viel mee. Slechts één sloep raakte licht beschadigd. Op 6 juni, na ontvangst van informatie via adviesjachten, wist De Ruyter nu met zekerheid waar de vijand zich ophield. Die was voor anker gegaan bij Solebay, tussen Harwich en Yarmouth. In de middag kwam de krijgsraad op *De Zeven Provinciën* bijeen, waarna unaniem werd besloten om in de vroege ochtend van 7 juni 1672 opperbevelhebber James (Jacobus) Stuart, de hertog van York en de broer van koning Karel II, de Franse bevelhebber viceadmiraal Jean II d'Estrées en Edward Montagu, de graaf van Sandwich, bij Solebay te verrassen. Aan boord van de *Royal Prince*, zag Stuart zijn plan de Nederlandse thuishavens te blokkeren in duigen vallen.

Stuart, die het rode eskader aanvoerde, was uit nood voor anker gegaan. Hij kon niet anders want zieken moesten hoognodig van boord en nieuwe victualie was hard nodig. Bovendien maakte Stuart zich zorgen over de slechte voorbereiding van de Fransen, die verre van gevechtsklaar leken. Met ongunstige westenwind in de zeilen, wist De Ruyter op 6 juni vanaf 9.00 uur enige vaart te maken en de Noordzee over te steken. Dankzij oplettendheid van de Franse kapitein Jacques de Cuers de Cogolin, die zich aan boord van de *Ecole* bevond, kreeg Montague het sein dat de Nederlandse vloot nabij was. Desondanks waren

de Engelsen en de Fransen overrompeld. In allerijl probeerden zij te ontkomen door de ankerkettingen te kappen en de zeilen te hijsen, maar doordat de wind draaide mislukte dat volledig. De Ruyter aarzelde niet. Hij liet de bloedvlag hijsen, zette op 7 juni tussen 7 en 8 uur de aanval in en liet de vloot in linie opvaren. De Ruyter in het midden, Banckert links en Van Ghent rechts. De strijd barstte los en was hevig.

Als eersten vuurden de Engelsen hun kanonnen af. Montagu, een dapper en geoefende bevelhebber, vormde met het blauwe eskader de voorhoede, Stuart nam het centrum voor zijn rekening en D'Estrées leidde de achterhoede. De Ruyter, die zag dat zijn schip de vijand op een pistoolschot was genaderd, viel Stuart in het centrum aan. Op *De Zeven Provinciën* deelde De Ruyter het kampanjedek met Cornelis de Witt. De Witt, die werd geplaagd door pijnlijke aanvallen van

Zeeslag bij Solebay. Olieverf op doek door Jan de Quelery, 2015

*Rechts:*
Cornelis de Witt en zijn lijfwacht op het kampanjedek van *De Zeven Provinciën*. Ingekleurde illustratie in potlood en inkt door Charles Rochussen.
Particuliere collectie

Jean II d'Estrées. Ets door Victor Florence Pollet naar het schilderij van Auguste Marie Raffet, 1837.
Particuliere collectie

Het fregat *Groot Hollandia*. Potlood op papier door Willem van de Velde de Jonge.
Collectie Museum Boijmans van Beuningen

jicht in zijn voeten (podagra), had een leunstoel met groene fluwelen kussens aan dek laten zetten van waaruit hij zijn orders gaf. De Ruyter en De Witt probeerden het overzicht te houden, maar hadden daar moeite mee. De wind was gaan liggen waardoor zware kruitdampen het zicht onmogelijk maakten. Zoals verwacht was de inbreng van de Fransen minimaal. Op grote afstand hielden Nederlandse en Franse schepen elkaar onder vuur met grote schade als gevolg. Banckert liep lichte verwondingen aan zijn been op. D'Estrées, die het witte eskader leidde, hield het al snel voor gezien. Hij onttrok zich aan het strijdtoneel en zeilde weg. Banckert zette met 15 Friese en Zeeuwse schepen de achtervolging in en hield dat tot in de avond vol. Het Franse vlaggenschip *Superbe* raakte, door toedoen van Enno Doedes Star, die aan boord van de *Groningen* was, zwaar beschadigd en liet viceadmiraal Michel des Rabesnieres-Treillebois het leven.

### Engelse tegenstand

Nu de Fransen van het strijdtoneel waren verdwenen, mochten de Engelsen het vuile werk opknappen. Zij boden stevig tegenstand. Aert Jansse van Nes vocht als een leeuw met Edward Spragge, die zich aan dek van de *Royal London* bevond en kreeg ook salvo's vanaf de *Royal Katherine* onder kapitein John Chichely te verwerken. Van Nes wist het Engelse fregat zwaar te beschadigen, waarna

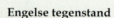

Chichely besloot zijn vlag te strijken en zich over te geven. De Nederlanders betraden het dek van de *Royal Katherine*. Zij vierden de overwinning, lieten zich de rijkelijk aanwezige brandewijn goed smaken en werden massaal dronken. Die nalatigheden maakte dat de Engelsen de *Royal Katherine* heroverden.

Aan boord van de *Dolfijn* raakte Van Ghent in de problemen tegen de *Royal James* van Montagu. De *Groot Hollandia* onder bevel van Jan van Brakel schoot hem te hulp. Tijdens het naderen kwam de tuigage van de *Groot Hollandia* in de knoop met het touwwerk van de *Royal James*, waarna het gevecht in alle hevigheid voortging. Van Ghent maakte gebruik van de verwarring en zocht met de *Dolfijn* Montagu op. Het zou zijn laatste daad zijn. Om 10 uur raakte Van Ghent, die nabij de *Royal James* lag, door toedoen van een kartets dodelijk gewond. Zijn linkerbeen werd tot boven de knie afgeschoten en vijf kogels doorboorden zijn borst en buik. Hij viel voorover op het dek en kwam op 46-jarige leeftijd om het leven.

Simon van Panhuys, kapitein der mariniers, nam zijn plaats in en was snel aan boord van *De Zeven Provinciën* om het slechte nieuws aan De Ruyter en De Witt mee te delen. Zij besloten dat Panhuys het bevel op de *Dolfijn* zou overnemen en dat de dood van Van Ghent geheim moest blijven om de rust te bewaren. Panhuys keerde terug naar de *Dolfijn*, zette met de admiraalsvlag in top de strijd voort en werd door een kanonskogel geraakt. Zijn ene been verbrijzelde en aan het andere raakte hij gewond. In een ongekende felle strijd liep Engel de Ruyter, de oudste zoon van Michiel de Ruyter, verwondingen op. Een rondslingerende houtsplinter raakte hem in de borst waardoor hij dagenlang geen woord kon uitbrengen. Zijn schip liep zware schade op. De grote steng en een ra aan

de bezaansmast liepen averij op. Zes kanonschoten doorboorden het onderwaterschip en van drie kanonnen werden de trompen afgeschoten.

**Zware verliezen**

Doordat Van Brakel meer dan een uur op de romp van de *Royal James* beukte, overwoog Montagu zich over te geven. Om zijn eer te redden liet hij een deel van zijn bemanning in sloepen naar de *Groot Hollandia* overvaren. Zij klommen aan boord, waardoor het aan dek al snel wemelde van de Engelsen. Van Brakel aarzelde niet. Hij liet touwen en enterkabels kappen en trok zich terug. Liggend tussen Nederlandse schepen werd het dek van de *Groot Hollandia* schoongeveegd en de orde hersteld. De *Royal James* dreef weg, maar kreeg te maken met een aanval van drie branders. Montagu was alert. Hij wist er twee tot zinken te brengen, maar de derde, de *Vrede* onder bevel van Jan Daniëlszoon van den Rijn, werd hem fataal. Onder bescherming van de *Oliphant* onder Isaac Sweers, wist de *Vrede* de *Royal James* in brand te zetten.

Negenhonderd van de 1000 Engelsen kwamen om in de vlammenzee. Montagu en zijn schoonzoon Philip Carteret, die tot het laatst op post waren gebleven, probeerden een sloep te bereiken, maar die zonk omdat te veel bemanningsleden aan boord waren. Montagu stierf de verdrinkingsdood en spoelde later aan op een zandplaat voor de Engelse kust. Zijn lichaam was gruwelijk verbrand en slechts herkenbaar aan het geschroeide admiraalsuniform waarop de Orde van de Kousenband nog duidelijk zichtbaar was. Ondanks dat gevoelige verlies vochten de Engelsen door. Richard Haddock, de kapitein van de *Royal James*, wist zich, ondanks een diepe wond aan zijn dij, zwemmend in veiligheid te brengen. Een luitenant van Montagu werd gevangengenomen en aan boord van *De Zeven Provinciën* gebracht. Daar sprak hij met De Ruyter en zei: *Mijnheer, is dat vechten? 't is noch geen middag, en daar is alreeds meer gedaan dan in het jaar 1666 in alle vier de dagen* (De Vierdaagse Zeeslag, 11-14 juni 1666). De strijd was ongekend. Rompen, koppen, mensen zonder armen en benen lagen her en der aan dek. Stuart moest, omdat de *Royal Prince* onder het heftige vuur van *De Zeven Provinciën* onbestuurbaar was geworden en haar grote steng en admiraalsvlag had verloren, het schip verlaten. Hij ging op de *Saint Michael* van Robert Holmes over, maar kwam, nadat zij lek geschoten was, aan boord van de *Royal London* van Edward Spragge. Omdat de *Dolfijn* grotendeels uitgeschakeld was, omsingelden drie Engelse schepen *De Zeven Provinciën*. Schout-bij-nacht John Herman nam het vlaggenschip zwaar onder vuur.

Zeeslag bij Solebay. Lithografie in zwart, grijs en oranjebruin door Petrus Johannes Schotel.
Particuliere collectie

Doodsportret uit terracotta van Willem Joseph van Ghent door Rombout Verhulst. Het betreft een voorstudie voor het grafmonument dat Verhulst in 1676 voltooide.
Collectie Rijksmuseum

### Afbeelding en kort verhaal, van den dapperen
# ZEE-SLAGH,

Door de Scheeps-Vloot der Vereenigde Nederlanden, onder 't gezagh van den *Ed. Heer C. de Witt*, *Ruart van Putten*, en 't gebiedt van den Manhaften L!. Admiraal *M. A. de Ruyter*, tegen die van de Franse en Engelse Scheeps-Vlooten, moediglijk bevochten, en victorieuselijk verkregen, op den 7 *Junii*, 1672.

A dat de Scheeps-Vloot der Vereenighde Nederlanden, de Franse en Engelse Vlooten (in 't samen geboegt) verscheyde reysen opgezocht, en gebonden had, doch niet tot een gevecht konden brengen, kregen zy op den 6 Junii kondtschap, dat de zelve voor d'Engelse Kust, in Soulsbay lagen; hier op maakten zy zeyl, en koers derwaerts aan, en kregen die des morgens, den 7 Junii in 't gesicht, zy waren meest al onder zeyl, omtrent 8 uuren begon de Slagh, met geweldige furie; Den Onder-Admiraal Bankert, met zijn Esquadre, ging tegen dat van de Fransen aan. Den Admiraal de Ruyter met het zijne, tegen 't Esquadre van de Engelsen, onder 't gebied van den Admiraal, den Hertog van Yorck, voerende de Roode Vlagge; Den Onder-Admiraal van Gent, met zijn Esquadre, tegen dat van Montagu, die de Blauwe Engelse Vlag voerde. Het gevecht weynigh tijdts geduurt hebbende, wierd het zoo stil, dat men de Schepen niet bequaamelijck noch na wil konde besturen; waar door de zelve geheel zoo malkanderen gedreven zijn. Den Admiraal de Ruyter quam evenwel op zijde van 't Schip van den Engelsen Admiraal / de Hertog van Yorck; en hier wierd gruwelijk en geduurig op malkander gecanonneert, omtrent anderhalf uur lang, tot dat den Engelsen Admiraal zijn groote Steng en Vlagge-stok wierd afgeschoten; daar mede d'Admiraals Vlagge van boven neder quam, en zijn Schip zoodanig onthaalt, dat hy afhaalde op een van d'andere Schepen felijnt over gegaan te zijn, alzoo men d'Admiraals Vlagge koet daar na van een ander Schip zag af-waijen. Den Heer Ruart van Putten, zijnde op 't Schip van den Heer Admiraal, hielt hem geduerende 't gevecht, voor de Stuurmans Hutt, en alles, zoo veel mogelijk was over te zien, en waar te nemen; doch den damp en roak beletten, dat men weynigh buyten 't Schip konde zien. Van 12 Helbaardiers, en een Sergeant, die by den Lt. van Putten stonden, bleven'er 3 doodt, een twee beenen af, en twee zwaarlijk gequetst. Den Onder-Admiraal van Gent wierd doodt geschooten, zoo als het gevecht maar een halfr uur begonnen was geweest; het welk aan het Schip van den Heer de Ruyter, (door Panhuys, Capiteyn van de Marines, op 't Schip van den Heer van Gent) aangedient zijnde, is hem bevolen, dit stil te houden, en met het zelve Schip den dienst van 't Vaderlandt ten uitersten te helpen betrachten: doch weynigh tijdts daar na, is den gemelten Capiteyn zijn een been afgeschooten, en het ander gevaarlijk beschadigt; Den Zeeuwen Vice-Admiraal Cornelis Evertsz. is ook doodt gebleven, Den Engelsen Heer Montagu, Admiraal van de Blauwe Vlagge, wierd aan boort gelegt van Capiteyn Brakel, die de 8 glazen lang tegen hem sloegh, zoo dat het Schip van Capiteyn Brakel zoodanig onthaalt was, dat hy na Zeelandt, om zich te herstellen, in 't Veersche-gat, geloopen is. Maar 't Schip van Montagu, geboert by den Commandeur omtrent 100 stukken en 900 man, is door een Brander by den Commandeur Jan Danielsz. verbrandt, geprongen en boost te gronde gegaan / Montagu meynende zich zelven in een sloep te bergen, is in 't overtreden verdronken, een van zijn Luytenants quam geheel naakt aen 't Schip van den Heer de Ruyter zwemmen, die aldaar gebergt wierd, als ook eenige van zijne Matrozen, drijvende op stukken van 't Schip. Den Schout by nacht van Nes, vocht ook dapperlijk, zoo dat hy zijn Schip naar Zeelande most op zenden, om gerealeseert te worden, gaande zelf over op 't Schip van Capiteyn Lancourt. Noch een Schip, dat zijn groote mast verloren had, wierd mede opgezonden.

Acht of tien Engelse Bootsgezellen, die van de Nederlanders gebergt, en op 't Schip van den Schout by nacht, van Nes, gebroght wierden, verklaarden en klaagden, dat zy tot dezen Oorlog gedwongen waren, gelijk ook de gansche Engelse Natie, niet bedroeft te zullen zijn, al verloor den Koninck deze Batailje, want zy hielden wel beter tegen de Fransen, maar niet tegen hare geloofs-genooten, met dewelke zy ook geen questie hadden, noch niet verongelukt waren.

Omtrent de middagh geraakte het Franse Esquadre aan 't deynsen, zoo dat 'er ruymte quam, tusschen dat en de 2 Engelse Esquadrons; Het Nederlands Esquadre van den Onder-Admiraal Bankert, bestaande uyt de Zeeuwen, en Vriezen, viel toen met alle macht op de deynsende Fransen aan, van dewelke zy zes van de voornaamste, boerende 80 stukken, in de grondt schooten. Den Commandeur Munnik van Rotterdam, voerende een Brander, brocht de zelve aan een groot Engels Schip met 70 stukken, zoo dat het eerst in den brand, en daer na in de lucht bloogh. Noch twee van de grootste Engelse Schepen, zijn verbrandt of in de grondt geschooten; zoo dat 'er vijf van hare capitaalste Schepen, t'eenemaal zijn geruineert, behalven die van de mindere soorten. Hier tegen verlooren de Nederlanders, niet meer dan een Schip van de middelbare slagh, genaamt de Josua, gevoert by Capiteyn Jan Dick, van West-Vrieslandt of het Noorder Quartier, dat in de grondt geschooten wierd. Een Schip uyt Vrieslandt, genaamt Westergo, is des anderen daaghs 's morgens, na dat de deze Zee-strijdt geschiedt was, door versuym, of ongeluck van zijn eygen Bos-krayt op gesprongen, en verbrandt.

Dit gevecht duurde met groote hevighyt en geweld, dien gantschen dagh, van 's morgens ten 8 uuren af, tot 's abondts na Zonnen ondergang toen; en is alleen op 't Schip van den Heer Admiraal de Ruyter, genaamt De Zeven Provincien, verschooten, omtrent 25 duysent pondt Boskruyt. Den Heer Admiraal verklaarde dat zijn Ed. noyt in zoo hardt, en geduirig gevecht was geweest. Op zijn Schip waren 28 dooden en 16 zwaar gequetst.

Des nachts wierd alles, dat ontrampeneert was, zoo veel mogelijk, gereddert en weder herstelt, en des morgens gereedtschap gemaakt, om al weder even moedig, op de Vyanden, aan te vallen.

Des morgens, den 8 Junii, bevont haar de Nederlandtse Vloot omtrent 8 mylen, Oost ten Zuyden, van Orfordnesse, en waren sterk, gelijk zy tellen konden, 100 Razeyls. Zy zagen een gedeelte van de Vyanden Vloot, omtrent anderhalf myl boven de windt van haar af, doch konden van de zelve niet meer als 50 zeylen tellen. De Nederlanders stalden scharp by de windt, om by de Engelse te geraken, doch d'Engelse deden 't zelve, en dat van 's middaghs ten 11 uren af, tot 's abondts tot 9 uren toe, en doysten niet op de Nederlanders af komen; ondertusschen viel hier een mist, zoo dat de Esquadries hunne eygen Schepen niet konden zien. Des abondts het weder opklarende, wenden het den Engelsen, omtrent Zonnen ondergang, van de Nederlanders af, zoo dat de avantagie van dez Batallje aan de Vereenighde Nederlanders gebleven is, die, om haar van alle beboeftens te versien, naar Zeelandt geloopen zijn, en haar, omtrent vier mylen West-zoorbwest van 't Eylandt Walcheren, in de volle Zee, hebben ten Anker gelegt. Godt geve de Nederlanders de vordere Victorie.

#### Verklaring van de *Scheeps-Strijdt*.

1 Den Onder-Admirael *van Gent*, slaande tegen
2 Engelsche Schepen.
3 Een capitaal Frans Schip gezonken.
4 Den Schout by Nacht, *van Nes*, gaande over op 't Schip van Capiteyn *Laucourt*.
5 't Schip van den Admirael *de Ruyter*.
6 't Schip van den *Hertog van Yorck*.
7 't Schip van Capiteyn *Brakel*.
8 't Schip van d'Engelsen Admirael *Montague*.
9 Een Engels Schip van 70 stukken verbrant.
10 't Schip van *Cornelis Evertsz*.
11 't Schip van *Josua* gaat te gronde.
12 Een Nederlandts Schip, schietende
13 een Engels Schip in brandt.
14, 15, 16, 17, 18, 19 Het Zeeuwse Esquadre, slaande tegen de Franse Schepen.
20, 21, 22 Franse Schepen, die afdeynsen.
23 Een Engels Schip, te gronde gaande.
24 Een Brander wordt in brandt geschooten.
25, 26, 27, 28, 29 Franse Schepen buyten 't gevecht.

t'AMSTERDAM, By *Marcus Doornik*, op de Middeldam, 1672.

# Op de rand van de afgrond

Cornelis de Witt bleef ternauwernood buiten schot. Zijn lijfwacht, die uit twaalf in rode pakken met gele voering geklede hellebaardiers bestond, moest het ontgelden. Drie van hen sneuvelden en twee, onder wie een sergeant uit het vendel van de heer Van Ruitenberg, raakten gruwelijk verminkt door rondvliegende kanonskogels. Eentje van hen verloor beide benen. Even dreigde *De Zeven Provinciën* door toedoen twee Engelse branders in vlammen op te gaan, maar door daadkrachtig optreden van luitenant-admiraal Philips van Almonde werd dat gevaar afgewend. Het Engelse fregat *Henry* onder kapitein Francis Digby vloog in brand, werd veroverd, maar viel kort daarna in Engelse handen terug. In de avond van 7 juni om 21 uur, de vloot was voorbij Lowestoft tot bij Aldborough afgedreven, was de strijd over en trokken de Nederlanders zich terug.

Formeel was geen sprake van winst of verlies, maar voor een Engelse landing of blokkade hoefde De Ruyter niet meer te vrezen. Gezien de moeilijke omstandigheden waarin de Republiek zich bevond, was dat een hele geruststelling. De strategische overwinning was zeer welkom en uitstekend voor de moraal.

### Resultaten

Nederland had drie schepen vernietigd, eentje geënterd en telde een paar honderd doden. De Engelsen hadden de *Jozua* onder kapitein Jan Dick tot zinken gebracht en een schip tot ontploffing gebracht. De *Stavoren* onder kapitein Daniel Elsevier was geënterd en 3500 manschappen waren verloren gegaan. Aan Franse zijde raakten enkele schepen zwaar beschadigd, een brander ging ten onder en sneuvelden 450 bemanningsleden. De dag daarop, om 18.00 uur, maakten de Engelsen duidelijk geen slag meer te willen leveren en weken naar het zuiden uit. Aan het begin van de middag hadden de Engelsen bij de Galloperbank nog de aanvalsvlag gehesen, maar door opkomende mist kon van een aanval geen sprake meer zijn. De strijd was definitief ten einde. De Ruyter had zijn kanonnen 3500 keer laten afvuren en 20.000 pond kruit verschoten. Hij noteerde in zijn journaal dat de zeeslag bij Solebay uitzonderlijk zwaar en langduriger was geweest dan welke zeeslag ooit tevoren.

De luitenant van Montagu, die al die tijd aan boord van *De Zeven Provinciën* verbleef riep uit: *Is dat een admiraal? Dat is een admiraal, een kapitein, een stuurman, een matroos en een soldaat. Ja, die man, die held, is dat alles tegelijk!* Uit voorzorg liet De Ruyter op 9 juni voor de Zeeuwse kust ter hoogte van Walcheren de ankers vallen en bleef alert. Even daarvoor had de Engelse vloot hem nog een tijd achtervolgd, maar die was op het laatst naar

**Links:**
Engel de Ruyter. Olieverf op doek door Jan Andrea Lievens, 1667.
Collectie Rijksmuseum

Het gevecht van Michiel Adriaenszoon de Ruyter tegen de hertog van York op de *Royal Prince* tijdens de zeeslag bij Solebay. Olieverf op doek door Willem van de Velde de Jonge, 1691.
Collectie Rijksmuseum

**Linkerpagina:**
Zeeslag bij Solebay. Ets met tekst in boekdruk, anoniem, 1672. Na de slag bij Solebay verspreidde het nieuws zich via pamfletten door het land.
Collectie Rijksmuseum

De brander *Vrede* zet de *Royal James* in vuur en vlam tijdens de zeeslag bij Solebay. Olieverf op doek door Willem van de Velde de Jonge, 1675.
Collectie Het Scheepvaartmuseum

Het einde van de slag bij Solebay. Penseel in grijs, potlood, pen in bruin en inkt door Willem van de Velde de Oude, 1673.
Collectie Rijksmuseum

Solebay uitgeweken. De Ruyter liet gewonden aan wal brengen en sloeg nieuwe victualie en munitie in. Kruit was erg schaars en moest zelfs via de Verenigde Oost-Indische Compagnie aangevoerd worden. De *Groot Hollandia* werd zwaar toegetakeld naar de Wielingen gesleept en wist met moeite de haven van Veere bereiken. De *Ridderschap* en de *Oranje* onder de schouten-bij-nacht Jan van Nes en Jan Mathijssen en de *Jaarsveld* en de *Haas* waren er slecht aan toe. Elf branders waren verloren gegaan. Joost Michiels Cuycq, kapitein van het fregat *Windhond*, overleed aan zijn verwondingen. David Sweers en Gerolf IJsselmuiden waren gewond maar niet in levensgevaar.

**Rechts:**
Zeeslag bij Solebay. Staalgravure door Christiaan Lodewijk van Kesteren naar het schilderij van Johan Adolph Rust, 1865.
Particuliere collectie

### Ander land
Voor anker liggend bereikten De Ruyter berichten over de sombere ontwikkelingen aan land. De Fransen trokken zonder noemenswaardige tegenstand steeds verder landinwaarts, waardoor het volk meer en meer in paniek raakte. Desondanks had de Republiek een strategische overwinning op de Engelsen behaald en een blokkade van de havens voorkomen. Tijd om de schade te herstellen en opnieuw alert te zijn. De rest van de zomer bleef de ingekrompen vloot uit voorzorg op de Noordzee en beperkte zich tot het verdedigen van de kust. Pas aan het einde van september keerde De Ruyter naar de thuishavens terug en trof een ander land aan dan dat hij in mei had verlaten. De actie bij Solebay was geen echte overwinning geweest, maar de zeeslag had de vijand voor even zijn zelfvertrouwen ontnomen. Het gaf de Republiek even tijd op adem te komen. De confrontatie had een morele zege opgeleverd. Met een zwakkere vloot had de Republiek der Verenigde Nederlanden een veel sterkere Engels-Franse vloot weerstaan en dat was een hele prestatie op zich.

### Literatuur
- Boven, W.G. en Staller, J., *Michiel Adriaenszoon de Ruyter. De admiraal*, Zaltbommel, 2007.
- Brood, P. e.a. (red.), *Het grote vaderlandse geschiedenisboek*, Zwolle, 2008.
- Doedens, A. en Mulder, L., Engels *Nederlandse oorlogen. Door een zee van bloed in de Gouden Eeuw, 1652-1674*, Zutphen, 2016.
- Dreiskämper, P., *Redeloos, radeloos, reddeloos. De geschiedenis van het rampjaar 1672*, Hilversum, 1998.
- Panhuysen, L., *De ware vrijheid. De levens van Johan en Cornelis de Witt*, Amsterdam, 2005.
- Panhuysen, L., *Rampjaar 1672. Hoe de Republiek aan de ondergang ontsnapte*, Amsterdam, 2009.
- Prud'homme van Reine, R., *Moordenaars van Jan de Witt. De zwartste bladzijde van de Gouden Eeuw*, Amsterdam, 2013.
- Prud'homme van Reine, R., *Opkomst en ondergang van Nederlands gouden vloot door de ogen van de zeeschilders Willem van de Velde de Oude en de Jonge*, Amsterdam, 2009.
- Prud'homme van Reine, R., *Rechterhand van Nederland. Biografie van Michiel Adriaenszoon de Ruyter*, Amsterdam, 1996.
- Sigmond, P. en Kloek, W., *Hollands glorie. Zeeslagen in de Gouden Eeuw*, Zwolle, 2014.

De vloot maakt zich gereed voor de strijd. Wandtapijt naar een ontwerp van Willem van de Velde de Oude. Om de 'overwinning' bij Solebay te vieren bestelde de Engelse koning Karel II een ontwerp voor wandtapijten bij Willem van de Velde de Oude, die in die periode samen met zijn zoon Willem van de Velde de Jonge aan het Engelse Hof werkte. Collectie Het Scheepvaartmuseum

Wie kent Maarten Harpertsz. Tromp niet? Hij raakte op 10 augustus 1653 dodelijk gewond in de slag bij Terheiden en sprak tijdens het sterven de volgende woorden uit: *Ik heb gedaan, houdt goeden moed!* Tromp, één van Nederlands beroemdste zeehelden, was een natuurlijk leider. Hij ijverde voor de leefomstandigheden van zijn bemanning wat hem als eerste de onsterfelijke bijnaam Bestevaer (grootvadertje) opleverde. Na Tromp mocht alleen Michiel Adriaenszoon de Ruyter die titel nog dragen, wat eens te meer aangeeft hoe belangrijk hij voor de Nederlandse marine is geweest. Het hoogtepunt van zijn carrière was het veroveren van de Tweede Spaanse Armada bij Duins in 1639, die hem onsterfelijk maakte.

*Graddy Boven*

# Boekbespreking

Het boek *Het monsterschip. Maarten Tromp en de armada van 1639* door Luc Panhuysen handelt over de zeeslag bij Duins en de grote victorie daarna. De manier waarop de auteur schrijft is bijna jaloersmakend. Alles tot in detail en op de vierkante centimeter. Als lezer brengt hij je heel erg vlakbij. Je hoort de kanonnen bulderen en voelt hoe Maarten Tromp over het dek van het vlaggenschip *Aemilia* loopt en zijn orders geeft. Zijn aanstekelijke stijl van schrijven maakt dat het boek een regelrechte pageturner is. Als je begint met lezen is er geen weg meer terug en wil je weten hoe het afloopt! In 1637 staat Nederland er vanuit maritiem oogpunt beroerd voor. Spanje rukt op in noordelijke wateren en Duinkerker kapers maken schepen buit. Tromp zet een inhaalrace in en krijgt veel voor elkaar waardoor het twee jaar later mogelijk is om de Spanjaarden bij Duins te verslaan. Tromps onverzettelijkheid en zijn inspanning de tactiek op zee naar een hoger plan te tillen, leveren grootste resultaten op. Onder zijn leiding slaagt de oorlogsvloot erin in kiellinie te varen en dat komt de doeltreffendheid en stootkracht van de schepen enkel ten goede. Door intensief samen te werken verandert de zeemacht in korte tijd in een 'monsterschip'. Het knappe aan *Het monsterschip. Maarten Tromp en de armada van 1639* is dat Panhuysen verder gaat dan enkel het beschrijven van de zeeslag bij Duins. Met gemak klimt hij aan boord en vertelt over het leven op zee en het wel en wee van de bemanning. Panhuysen beschrijft de intriges tussen de kapiteins en verdiept zich nadrukkelijk in het uitputtende werk van het gewone zeevolk. Zij leven in koude en krappe ruimtes. Op plekken waar het kielwater naar binnen sijpelt en het ongelooflijk stinkt naar menselijke uitwerpselen. De atmosfeer is ondraaglijk en als een kanonskogel inslaat dan zorgen rondslingerende houtsplinters voor gapende wonden. Ook de verhouding tussen Maarten Tromp en Witte de With, die elkaar van jongs af aan al kennen en beide gehard zijn door het oorlogsbedrijf en ontberingen op zee, komt ruim aan bod. De twee onderhouden een moeizame relatie. De With heeft grote moeite zich te schikken in de ondergeschikte rol. Het levert grote spanningen op en zorgt ervoor dat De With Tromp begint te haten. De slechte verhouding weerhoudt hen er echter niet van om op 31 oktober 1639 een Spaanse oorlogsvloot van vijfenvijftig schepen onder bevel van Antonio de Oquendo tijdens een zenuwslopende confrontatie ter hoogte van Duins (The Downs) te veroveren. *Het monsterschip. Maarten Tromp en de armada van 1639* is zeer aanbevelenswaardig voor iedereen die geïnteresseerd is in de maritieme geschiedenis van Nederland. De tekst leest gemakkelijk weg en schetst op kundige wijze een volledig beeld van het harde leven op een oorlogsvloot onder bevel van de onnavolgbare en inspirerende zeeheld Maarten Tromp. Hij gaf tot in detail leiding getuige het volgende dat hij zijn kapiteins vlak voor de zeeslag bij Duins tijdens de krijgsraad voorhield: *Als wij nu van onze schepen één schip konden maken, zouden dan niet juist degenen, die een dergelijk monsterschip aan zouden vallen, de waaghalzen zijn?*

**Het monsterschip. Maarten Tromp en de armada van 1639**
Luc Panhuysen
327 pagina's. Hardcover
Prijs: 29,95
ISBN: 9789045040714/NUR 680
Uitgeverij Atlas Contact
www.atlascontact.nl

*Aemile Lalk*

# Reconstructie van een tuigageonderdeel

## Zoektocht naar de blokken van *De Zeven Provinciën*

Op de Bataviawerf in Lelystad is een 1 op 10 model gebouwd van De Zeven Provinciën. Een jaar geleden was het klaar om te worden voorzien van de standaardset van tien met de hand genaaide zeilen. De zeilen moeten met lijnen en blokken aan de masten en ra's worden bevestigd. Deze worden het lopende want genoemd. Over hoe dik deze lijnen moeten zijn en hoe groot de bijbehorende blokken zijn, is weinig bekend. Daarom heb ik daar onderzoek naar gedaan.

In de loop van de maritieme geschiedenis speelden blokken, naarmate schepen in grootte toenamen, een steeds eminentere rol om de zeilen te bedienen. Blokken maakten het mogelijk om bedienende touwen in hun loop van richting te laten veranderen, waarbij hoeken van 180 graden werden bereikt. Zodoende werd het mogelijk zeiloppervlaktes in omvang te laten toenemen en daarmee eveneens de scheepsgrootte.

Krijgsraad voor de Vierdaagse Zeeslag aan boord van *De Zeven Provinciën* (fragment) Willem van de Velde de oude
Collectie Rijksmuseum

## De tuigage van *De Zeven Provinciën*

Afgezien van het werk van Dik is er geen onderzoek naar tuigage van *De Zeven Provinciën* gedaan. Hoewel zijn boek zeer verdienstelijk is voor modelbouwers, voldoet het niet voor gebruik van het grote *De Zeven Provinciën*-model van Batavialand. Bij het onderzoek naar blokken lijkt hij beïnvloed te zijn door de vuistregels van de Engelse scheepsbouwer William Sutherland, die in 1717 de afmetingen van een éénschijfsblok afleidde van de touwdikte: *wanneer de touwdiameter 1 wordt genomen, is de lengte van het blok 8. De breedte is 7/8 van de lengte en de dikte 6/13 van de lengte.* Daarbij vermeldt Dik dat niet voor alle blokken de 1 op 8 regel geldt, maar dat het afhankelijk van het doel waar een blok voor wordt gebruikt, langer kan zijn.

Voor de reconstructie van het V.O.C.-schip *Batavia* was op grond van bevindingen van een *Vasa*-onderzoek een lopendwantplan gemaakt. Bij de voorbereidingen voor een lopend tuigageplan voor het *De Zeven Provinciën*-model bleek dat het plan van de *Batavia* niet zonder meer kon worden overgenomen. In een tijdspanne van een kleine veertig jaar tussen de bouw van de *Vasa* en die van *De Zeven Provinciën* waren in het lopendwant verbeteringen doorgevoerd, die nodig waren voor grotere schepen met meer zeiloppervlak.

## Onderzoek

Om de omvang van deze bijdrage enigszins te beperken wordt alleen het onderzoek naar eenschijfsblokken beschreven. Bij uitzondering worden twee dubbelschijfsblokken uit de Romeinse tijd getoond, als aanvulling op het enige gevonden enkelschijfsblok. De diverse ontwikkelingen die het enkelschijfsblok door de eeuwen heen wereldwijd heeft doorgemaakt, tot aan de periode van *De Zeven Provinciën*, worden in deze bijdrage chronologisch op een rij gezet, om beter te begrijpen hoe de blokken van dit schip eruit kunnen hebben gezien. De belangrijkste bron voor dit onderzoek is maritieme archeologie. Tot 1500 zijn wrakvondsten van blokken zeldzaam. In het mediterrane gebied zijn in vijf wrakken blokken gevonden, waarvan drie met éénschijfsblokken. In eigen land is in de zuidelijke Flevopolder een blok van een kogge gevonden. Ook van na 1500 zijn slechts in enkele van de vele gezonken schepen blokken gevonden. Van een schip dat rechtstandig vergaat is het doorgaans de bovenbouw, inclusief masten en tuigage, die het langst boven de zeebodem uitsteekt en daardoor gevoelig is voor schade en verval. Om een paar oorzaken te noemen:

- vraat door de paalworm (Teredo navalis);
- mechanische schade door vissersnetten, ankers of aanvaringen;
- erosie en verplaatsing door stroming;
- de zwaartekracht.

Daarnaast kunnen historische scheepsbouwliteratuur, iconografie en historische modellen een mogelijk toegevoegde waarde hebben. Wel kunnen artistieke of constructieve vrijheden meespelen bij de laatste twee genoemde bronnen.

## Éénschijfsblokken

De oudste blokken waren niet meer dan een blok hout met een gat erin waar een touw onder een hoek doorgetrokken kon worden. Eeuwenlang werd naar verbetering gezocht. De belangrijkste was die van één of meer draaiende schijven in het blok hout.
Hoe zit een blok in elkaar? Het éénschijfsblok kent zes onderdelen. Het houten frame wordt huis genoemd. De zijkanten zijn de wangen. Het bovenste verbindingsstuk, waar het touw doorheen loopt en waar het blok is opgehangen, wordt de keel genoemd. Het onderste verbindingsstuk heet de klos. Boven en onder en deels in de wangen zijn

Bouw reconstructie *De Zeven Provinciën* stopgezet
Foto auteur

De onderdelen van een blok; de afbeelding is van een 3D gemaakt blok
Foto auteur

inkervingen voor de strop uitgesneden die neuten heten. Dan is er nog een as om de schijf te kunnen laten draaien en op zijn plek te houden. Tot in de achttiende eeuw werden blokken uit één stuk hout gemaakt. Van Yk beschrijft dat pokhout voor schijven werd gebruikt en dat de as het beste kon worden gemaakt van palmhout, dan wel van ebbenhout. Pokhout heeft een zelfsmerende eigenschap en is daarom zeer geschikt voor schijven. Het huis werd meestal van essenhout, maar ook van iepenhout en eikenhout gemaakt. Ze hebben de eigenschappen taai en goed bewerkbaar te zijn. De afmeting van een blok werd door zijn functie bepaald. Hoe groter, hoe sterker. Maar ook de doorsnee van de schijf is belangrijk en daarvoor geldt hoe groter de schijf, hoe meer kracht kan worden gezet.

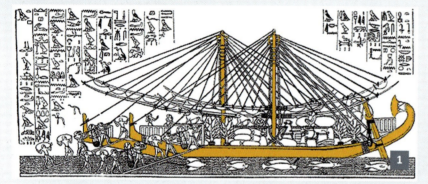

In tekening overgenomen reliëfafbeelding van Deir el-Bahri

### Evolutie van het blok

Een onderdeel van deze studie was na te gaan, hoe de vormgeving van blokken vanuit de oudheid evolueerde tot die van de tijd van *De Zeven Provinciën*. Dankzij verschillende bronnen is het mogelijk om er een beeld van te vormen. Om blokken met elkaar te vergelijken zijn naast de afmetingen en vorm de verhoudingen tussen lengte, breedte en dikte belangrijk en ook de verhoudingen tussen touwdikte en bloklengte. Voor elk blok worden deze data, indien mogelijk, vermeld. Bij het ontbreken van een afmeting kan, als er een afbeelding beschikbaar is, een opmeting worden gedaan en daarmee bij benadering de verhouding worden bepaald. Ooit bestonden er geen blokken, terwijl men toch worstelde met het probleem van een zeil te moeten hijsen.
Muurafbeeldingen in de tempel van Hatsjepsoet in Deir-el-Bahri (zie 1) laten zien dat in de Egyptische oudheid, tijdens het regime van de vrouwelijke, zeer ondernemende farao Hatsjepsoet, met zeegaande schepen handel gedreven werd met een volk in het Land van Punt, gelegen aan de Hoorn van Oost-Afrika. De zeilen waren voorzien van een boven- en onderra. Om de wrijving bij het zeil hijsen te verminderen waren meerdere over de boven- en onderra verdeelde vallen aangebracht, die tegelijk als toppenanten dienden. Op de tekening is te zien dat de vallen in de top van de mast een soort beugels passeren, waarmee het zeil gehesen werd. Ze kunnen worden beschouwd als voorlopers van het blok. Deze voorzieningen moeten flink wat mankracht hebben gescheeld, maar er was waarschijnlijk veel slijtage aan het touw. Voor zover we weten waren blokken met schijven in de Egyptisch-Mesopotamische periode niet bekend.

Volgens Howe is op een Syro-Palestijns basreliëf van de negende eeuw v.Chr. mogelijk een katrol te zien waarmee met een touw door meerdere mannen een emmer uit een put wordt getrokken. Dit zou de oudste aanwijzing van het bestaan van een katrol zijn. Een andere aanwijzing van een blok is een afbeelding op een oud Griekse drinkbeker, zesde eeuw v.Chr. van een piratenschip, waarop blokken als onderdeel van de vallen en brassen te zien zijn. Howe denkt dat blokken al veel eerder op schepen toegepast werden, waarschijnlijk al vanaf 900 v.Chr., toen Grieken en Phoeniciërs met grote schepen de Middellandse zee te bevoeren. Het is niet bekend hoe blokken eruit zagen. Waarschijnlijk waren het nog simpele houten blokken met een gat, zoals het blok uit de vijftiende eeuw (zie 2).
Volgens Howe is de oudste wrakvondst van een blok van rond 298 v.Chr., het Kyrenia-wrak van een Grieks vrachtschip (zie 3). De peervorm van het blok lijkt op die van blokken uit het eind van de zestiende eeuw, maar dan net andersom,

Eéngatsblok, collectie Nationaal Scheepvaart Museum, Antwerpen
Uit *Maritieme Geschiedenis der Nederlanden*, deel I

Het oudst bekende blok ter wereld, gevonden in het Kyrenia-wrak van 298 v.Chr., in de bovenhoeken 2 ééngatsblokken en midden onder een éénschijfsblok
Foto Howe

namelijk in de dikte in plaats van in de breedte. In de breedte is het blok zó smal dat de schijf buiten het huis uitsteekt, waarschijnlijk om het blok licht te houden.

Afmetingen: 26,5 x 6 x 12 cm, lengte bij breedte bij dikte. De dikte is berekend door meting van de afbeelding.
Ratio: 1 : 0,22 : 0,45
De schijfdiameter bedraagt 75 mm.

Het huis is samengesteld uit twee delen. Waarschijnlijk is dit blok met een strop opgehangen geweest, omdat in de voet een neut aanwezig is. Mogelijk was er in het hoofd een tunnel om de strop door te voeren. Volgens Howe en andere auteurs waren blokken van deze vorm algemeen in de Griekse en Romeinse wereld; in een vijftal andere wrakken (tweede eeuw v.Chr. tot eerste eeuw na Chr.) zijn vergelijkbare blokken gevonden. De schijfloze blokken op de afbeelding (zie 4) tonen aan dat ze een belangrijk onderdeel van de tuigage waren en mogelijk al veel langer bestonden.

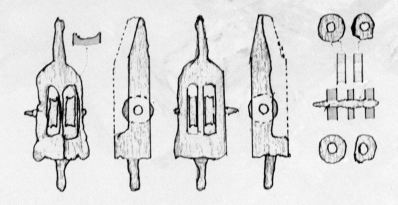

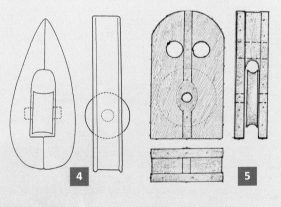

**Kyrenia-blok**
Tekening auteur, naar Howe

**Nemi blok**
Tekening Ucelli

Afbeeldingen van twee dubbelschijfsblokken vullen het beeld aan van de vormgeving, van de periode tot de vijfde eeuw na Chr.

In het meer van Nemi lagen twee wrakken van gigantische schepen van rond de eerste eeuw na Chr. Ooit hebben deze 'schepen van plezier' toebehoord aan keizer Caligula. Na berging van beide wrakken zijn ze bij een brand in 1944 verwoest. In één van de wrakken is een groot blok van 1,08 m lengte en een schijf van 0,50 m doorsnee gevonden. Waarschijnlijk maakte het

**Dubbelschijfsblok uit een tempel in Kenchreai, vierde tot vijfde eeuw na Chr.**
Tekening Susan Katsev, uit Shaw

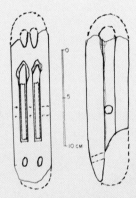

**County Hal, Londen; dubbelschijfsblok van een Romeins schip, derde eeuw na Chr.**
Tekening Marsden

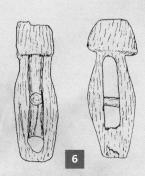

**Eénschijfsblok**
Tekening Matthews

blok deel uit van de anker- of aanmeertrossen (zie 5). Het blok was voorzien van twee gaten om daar hangers doorheen te halen. Op grond van de bloklengte op de tekening zijn, bij benadering, de breedte, dikte en touwdikte gemeten:
Afmetingen: 100,08 x 58 x 28 cm.
Ratio's: 1 : 0,58 : 0,28
Touwdikte: 96 mm. Ratio TD – L = 1 : 10,4

Een robuust blok, dat niet representatief zal zijn voor blokken van het lopende want. Van een schip van zes eeuwen later is een wrak gevonden waarin meerdere blokken bewaard zijn gebleven en voor het eerst blokken van verschillende types. Het is het naar zijn vindplaats genoemde Serçe Liman schip, uit de derde decade van de elfde eeuw.
Behalve een drieschijfsblok voor het anker zijn enkele éénschijfsblokken gevonden. Ze zijn van een totaal andere vormgeving dan de blokken uit de Grieks-/Romeinse tijd (zie 6). Nog altijd zijn het langwerpige en slank uitgevoerde blokken. Maar aan de bovenkant zijn paddenstoelvormige knoppen aanwezig. Dit blok is uitgerust met een strop, die door twee tunnels in de knop gaat en door een tunnel in de voet. Bovenop zijn de twee delen van de strop door een splits of bindsel samengevoegd. Dit is het oudst bekende blok dat met een strop is uitgevoerd. Het blok getuigt van een doordachte vormgeving, waarbij gestreefd is naar stabiliteit in de ophanging.

Afmetingen:     20,4 x 6,6 x 6 cm.
Ratio's:        1 : 0,32 : 0,29
Schijfdikte en doorsnee: 2,4 en 10 cm.
De touwdikte zou 21 mm kunnen zijn geweest.
Ratio TD – L = 1 : 9,7

Het oudste, niet-Mediterrane blok, is van een koggeschip, waarvan het wrak gevonden is in Almere (zie **7**). Het schip was vergaan in het tweede kwart van de vijftiende eeuw en is vernoemd naar zijn vindplaats, de kogge van Almere Wijk 13 / ZA32.

Afmetingen: 32,5 x 13,6 x 12,4 cm.
Ratio's: 1 : 0,42 : 0,38
Schijf en touwdikte zijn niet bekend, maar kunnen op grond van een tekening worden berekend: schijfdikte en doorsnee: 3,8 en 13 cm. Een touwdikte van 34 mm is daarmee mogelijk. Ratio TD – L = 1 : 9,5.
Evenals het blok van het Serçe Limanschip loopt de strop in het hoofd door twee tunnels, maar een kop ontbreekt. Waarschijnlijk was dat door de grotere afmeting van het blok niet nodig, er was voldoende ruimte voor de tunnels. De gewoonte om tunnels toe te passen blijkt niet beperkt te zijn tot het mediterrane gebied. Bovendien is dit blok voor het eerst voorzien van een neut aan de onderzijde, in plaats van een tunnel zoals bij het blok van het Serçe Limanschip.
Een innovatie in blokontwerp! Het blok is van een opvallende eenvoud. De randafwerking bestaat uit afgeschuinde kanten, zogeheten vellingen. Naar boven en onder is het blok smaller gemaakt, waardoor al enigszins een peervorm ontstaat. Dit relatief grote blok is onmiskenbaar gebruikt voor de draaireep, de val van de ra. Naar alle waarschijnlijkheid was dit blok het enige op het schip. In deze periode was de tuigage nog simpel. Brassen en schoten werden zonder tussenkomst van een blok met een braadspil, een horizontaal opgesteld spil achter de mast, bediend.

Honderd jaar later zinkt de *Mary Rose*, het trotse in 1511 te water gelaten vlaggenschip van Hendrik VII, dat in 1545 tijdens een zeeslag met de Franse vloot kapseisde. In het wrak is een veelvoud aan bloktypes en blokvormen gevonden. Dat hangt samen met de complexere tuigages van grotere schepen. De éénschijfsblokken zijn in drie types te onderscheiden.
Alle hebben ze in het hoofd de tunnels, zoals die ook voorkwamen in de Serçe Liman- en het Middeleeuwse koggewrak. In twee types zijn deze tunnels geïntegreerd in het huis zelf, in type 3 is bovenop het blok daartoe een knop aanwezig.

Het type 1 blok is peervormig en is boven en onder afgeplat (zie **8**). Daarmee heeft dit blok grote gelijkenis met het koggeblok. Howe geeft geen afmetingen, maar afgemeten tegen het meetlatje is bij benadering wel de grootte vast te stellen:

Afmetingen: 32 x 15 x 8 cm.
Ratio's: 1 : 0,46 : 0,25.
Touwdikte: 2,5 cm.
Ratio TD – L = 1 : 12,8

Voor het eerst wordt de ovale vorm van het latere zeventiende-eeuwse blok zichtbaar. Een tweede type éénschijfsblok lijkt op type 1, maar onderscheidt zich door een wat bredere bovenkant en het is wat robuuster (zie **9**). De vorm is ook enigszins peervormig. Aan de onderkant lopen de lijnen wat meer naar elkaar toe. Ook hier loopt de strop door gaten in de bovenkant. Het is niet bekend welke functie de verschillen in vormgeving hadden.

Afmetingen: 30 x 14 x 10 cm
Ratio's: 1 : 0,46 : 0,33
Touwdikte: 3 cm
Ratio TD – L = 1 : 10

**Eénschijfsblok, type 2.**
Tekening Marsden

**Rechts:**
Eénschijfsblok, type 1
Tekening Marsden

**Middeleeuws enkelschijfsblok ZW13-44**
Maritiem depot Batavialand

In het gebied van de voormalige Zuiderzee, waar de Noordoostpolder en Flevoland zijn aangelegd, zijn veel wrakken gevonden. Veelal van vrachtschepen en visserssschepen. Bij westerstormen gold dit gebied als 'lage wal' en dus als zeer gevaarlijk.

## Reconstructie van een tuigageonderdeel

Het type 3 blok lijkt een doorontwikkeling te zijn van het blok van het Serçe Liman wrak (zie *10*). De paddenstoelvormige knop met de twee tunnels is hier een afgeplatte knop. Kennelijk bewezen deze blokken nog altijd goede diensten en zijn meerdere generaties blokken in gebruik. Je zou kunnen denken dat de knop nodig was voor kleinere blokken, maar het blok is 28 cm lang, vrijwel dezelfde afmeting als bloktype 1. Aan de voet is een paddenstoelvormige knop aangebracht, zij het dat er hier een neut is aangebracht, om het blok met een strop te kunnen bindselen.

Afmetingen: 28 x 14 x 14 cm.
Ratio's: 1 : 0,5 : 0,5.
Touwdikte: 3 cm
Ratio TD – L = 1 : 9,3

Met zijn verhoudingen van lengte tot breedte en dikte is het een robuust blok, dat bovendien een relatief dik touw toelaat. De grote verscheidenheid aan bloktypes en vormen toont aan dat vernieuwingen in de tuigage om aangepaste blokken vroegen. Bijzonder zijn de bronzen schijven, die met veel oog voor verfraaiing van een grote schoonheid spreken.

Verschillende types blokken uit het wrak van de *Mary Rose*
Foto *Mary Rose* Trust
CC BY-SA 3.0

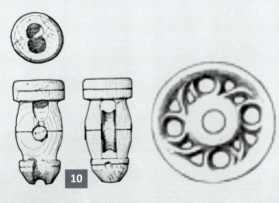

**10**

Eénschijfsblok, type 3.
Tekening Marsden

Bronzen schijf.
Tekening Marsden

> Het verschil tussen een strop en een hanger is dat een strop om het gehele blok is aangebracht en een hanger alleen door één of twee gaten loopt. Een strop is meestal een 'grommer'. Een grommer wordt gemaakt door één kardeel uit een touw los te draaien en in een cirkel opnieuw in elkaar te draaien. Soms komt het beter uit om de strop met een oogsplits te maken. In beide gevallen moet de strop aan de ophangzijde worden gebindseld om het blok stevig vast te zetten.

Blokken van een twintig jaar later gezonken schip, bekend als het Red Bay wrak 24M, tonen aan dat de bloktypes 1 en 2 van de *Mary Rose* ook in omringende landen ingang hadden gevonden.
In het wrak van het in 1565 in de golf van St. Laurence ten oosten van Labrador/ Canada gezonken Baskische walvisvaarder *San Juan de Pasajes* zijn vrijwel identieke blokken gevonden. De grootste groep bestond uit 16 éénschijfsblokken. Evenals bij de blokken van de *Mary Rose* loopt de strop door tunnels in de kop van het blok. De blokken zijn kleiner dan die van de *Mary Rose*, wat verband houdt met de veel kleinere afmetingen van de *San Juan de Pasajes*. Het type 1 blok is ook hier peervormig. (zie *11*).

Er zijn geen afmetingen vermeld. Op grond van het meegetekende meetlatje zijn de afmetingen bij benadering:

Type 1: 17 x 8,5 x 6,6
Ratio's: 1 : 0,5 : 0,4
Touwdikte: 1,5 cm
Ratio TD – L = 1 : 11,3

Vergeleken met het type 1 blok van de *Mary Rose* is het iets compacter gemaakt.

Het type 2 bok is, evenals type 2 van de *Mary Rose*, robuuster (zie *12*). Dat komt vooral door de bredere bovenkant. De afmetingen, ook op grond van het meegetekende meetlatje, zijn:

Type 2: 18 x 9,2 x 7 cm
Ratio's: 1 : 0,5 ; 0,4
Touwdikte: 1,2 cm
Ratio TD – L = 1 : 15

De kleinere blokken lijken in verhouding wat breder en dikker te zijn.

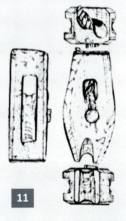

**11**

Eénschijfsblok, 24M, type 1. Tekening Bradley

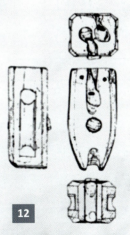

**12**

Eénschijfsblok 24M, type 2. Tekening Bradley

OK84-blok 1.
Maritiem depot Batavialand

**13**

**14**

**Rechts:**
OK84-blok 1.
Maritiem depot Batavialand, foto Mathieu Rol

Op de werf van Batavialand is de reconstructie van een waterschip in aanbouw, naar voorbeeld van het wrak ZM22 bij Zeewolde. Het is een wat kleiner schip, met een lengte van 16,5 m, een breedte van 5 m en een holte van 2,7 m. Het schip heeft een spriettuig.

Twee blokken zijn uit het wrak gehaald van een waterschip, gedateerd in de eerste helft van de zestiende eeuw. (OK84) Beiden hebben ze in het hoofd nog de twee tunnels voor de strop en aan de voet een neut, zoals ook bij blokken van de *Mary Rose* en het Red Bay wrak. Van één blok (OK84-1) ontbreekt de voet. (zie **13** en **14**)

Afmetingen:            21,1 x 13 x 7,2 cm.
Ratio's:               1 : 0,6 : 0,34
Touwdikte geschat:     1,5 cm.
Ratio TD – L =         1 : 14

**Rechts:**
ZK47-blok.
Maritiem depot Batavialand, foto auteur

Het blok kijkt veel op bloktype 1 van Red Bay, maar is wat breder en peervormiger. Typerend voor blokken uit de zestiende eeuw is de schuine randafwerking, de 'velling'.

Het tweede blok is bijna compleet, alleen de bovenwand van een tunnel ontbreekt. Hierdoor lijkt het op een diepe neut. Zou een blokkenmaker op het idee zijn gekomen om bij het mislukken van het boren van een tunnel dat een neut voldoende kan zijn voor een strop?

Afmetingen:            19,9 x 10,9 x 6 cm.
Ratio's:               1 : 0,54 : 0,3
Touwdikte geschat:     1,5 cm.
Ratio TD – L =         1 : 13

Het blok is dus iets langwerpiger en platter dan het andere blok. Goed is te zien dat het schijfgat bij de touwdoorvoer rond is en aan de onderkant recht.

**14a**

Van enkele zestiende-eeuwse schepen zijn in het huidige Flevoland wrakken gevonden, waar blokken in zijn gevonden. Het waren zwaargebouwde visserssche- pen, zogenaamde waterschepen, die vanaf de Middeleeuwen succesvol waren, van 10,2 tot 21,5 meter lang. De naam is ontleend aan een watergevulde bun waarin de vis levend kon worden meegevoerd. Vanaf de tweede helft van de zeventiende eeuw kregen waterschepen bekendheid als sleepboten voor de grote schepen, om deze over de ondieptes van de Zuiderzee te trekken. Precieze dateringen zijn meestal niet mogelijk. Dat maakt het lastig om een blok aan een tijd te verbinden.

Het is niet bekend wanneer voor het eerst neuten in plaats van tunnels zijn aangebracht. (zie **14a**) In het van 1520 tot 1575 gedateerde waterschip- wrak (ZK47) leek het erop dat het oudste blok met neuten rondom gevonden was. Bij onderzoek bleek dat ook hier, aan beide kanten, de boven- kanten van de oorspronkelijke tunnels ontbraken.

OK84-blok 2.
Maritiem depot
Batavialand

**Rechts:**
OK84-blok 2, andere zijde met intacte tunnel.
Maritiem depot Batavialand, foto Mathieu Rol

**23**

Afmetingen:            26 x 14,5 x 7,9 cm.
Ratio's:               1 : 0,56 : 0,3
Touwdikte geschat:     2 cm.
Ratio TD – L=          1 : 13

Het blok lijkt wat betreft de afmetingen veel op de OK84II, maar is bovenop ronder afgewerkt. De langwerpige vorm is nodig om tunnels mogelijk te maken.

# Reconstructie van een tuigageonderdeel

W100FL-blok.
Maritiem depot Batavialand

De maritiem archeologische rijkscollectie omvat circa 38.000 scheepsvondsten variërend van complete wrakken tot wrakdelen, scheepsuitrusting, -lading en -inventaris. Circa 25.000 objecten zijn vanaf de jaren veertig van de 20e eeuw opgegraven in de drooggevallen IJsselmeerpolders en ongeveer circa 13.000 objecten zijn afkomstig uit de Rijkswateren (vooral Noordzee en Waddenzee). De vondsten zijn veelal geconserveerd, gerestaureerd en wetenschappelijk onderzocht. De objecten zijn op afspraak te raadplegen, de kleine objecten in Lelystad (bij Batavialand) en de grotere objecten in Amersfoort. Bij Batavialand en elders in Nederland zijn objecten te zien in exposities. (Tekst Batavialand)

In de tweede helft van de zestiende eeuw zijn in wrak W100FL twee blokken gevonden(zie 15 en 16). Deze zijn voor het eerst geheel van neuten voorzien.

Afmetingen blok 1:     25,5 x 15,5 x 8 cm
Ratio's:               1 : 0,6 : 0,3
Touwdikte geschat:     2,3 cm.
Ratio TD – L=          1 : 11

Een iets breder blok dan OK84 en ZK47, maar nog wel heel plat. De tendens lijkt dat in verhouding tot de touwdikte het blok compacter wordt, nu er geen tunnels meer nodig zijn. Wel is de neut in het hoofd is uitzonderlijk diep uitgevoerd, alsof er een tunnel bedoeld was geweest. Dit grote blok van W100FL (zie 17 en 18) heeft een ijzerbeslag in plaats van een strop. Waarschijnlijk is het bedoeld voor de val van de spriet, of voor het anker. Het ijzerbeslag is ingelegd in ondiepe neuten.

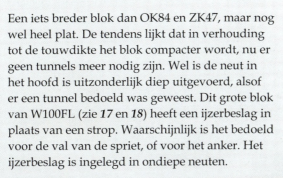

W100FL-blok met ijzerbeslag.
Maritiem depot Batavialand

Afmetingen:            32 x 19 x 9,5 cm
Ratio's:               1 : 0,6 : 0,3
Touwdikte geschat      3,5 cm.
Ratio TD – L =         1 : 9,4

Het ijzerbeslag is zo uitgevoerd dat de as toegankelijk blijft voor vervanging. Door het ijzerbeslag is het blok sterk genoeg voor een relatief dik touw.

W100FL-blok met ijzerbeslag.
Maritiem depot Batavialand, foto Mathieu Rol

Uit de zestiende eeuw is nog een wrak bekend, van een in 1580 fluit-achtig gebouwd Hollands schip, gezonken in de kerstnacht van 1593. De naam SO1 is ontleend aan de vindplaats op de Rede van Texel, locatie 'Scheurrak-Omdraai', baken 1.

SO1 wrakvondst van een blok, te midden van touwwerk. Foto J. Pauptit

Het wrak is van het oudste zeevarende Hollandse schip. Door de gunstige omstandigheden van het wrak is veel van schip en toebehoren bewaard gebleven, waaronder verscheidene blokken. De meeste blokken hebben een veel rondere vorm. De tunnels in het hoofd hebben bij alle blokken plaats gemaakt voor een diepe neut voor de touwstrop. Grofweg zijn de éénschijfsblokken in 2 types in te delen. Type 1 heeft nog iets weg van oudere schepen. Deze blokken zijn peervormig. De neuten bovenop zijn nog vrij diep.

Afmetingen:            20,1 x 11,9 x 7,8 cm
Ratio's:               1 : 0,59 : 0,38
Touwdikte:             2,2 cm.
Ratio TD – L =         1 : 9,1

De zijkanten zijn vrij grof met een velling afgewerkt (zie 19).

Het schoongemaakte blok Foto J. Pauptit

19

Een blok uit het *Vasa*-wrak, compleet met strop
Foto Vasamuseum

het wrak, gaf inzicht in afmetingen, vormgeving, mogelijke functie, materiaalgebruik en wijze van produceren. Howes blokkenstudie is omvangrijk en zeer gedegen en is als standaardwerk over de kennis van blokken onmisbaar. Hij heeft een onderverdeling gemaakt van bloktypes, gebaseerd op het aantal schijven, het type blok (viool-, schildpad-, etc. blok), de functie (takel, boeilijn etc.) en de locatie.

De blokken van type 2 (zie **20**) tonen een nieuwe manier van blokmaken aan. Doordat een tunnel niet meer nodig was kon het blok korter worden. Het blok is het prototype van het 'moderne' oogvormige blok. Het heeft een prachtige, evenwichtige en doordachte vorm. Van onder is hij iets ronder dan van boven, en er zijn diepe neuten. Wel is het blok nog erg plat.

**Rechtsboven:**
SO1-blok, type 1
Foto auteur

| | |
|---|---|
| Afmetingen: | 27 x 19 x 8,2 cm |
| Ratio's: | 1 : 0,7 : 0,3 |
| Touwdikte: | 2,5 |
| Ratio TD – L = | 1 : 10,8 |

20

SO1-blok, type 2
Foto auteur

Een lengte/breedte verhouding van 1 op 7/10 is revolutionair en vernuftig te noemen. Met zo min mogelijk hout is een goed functionerend en licht blok gemaakt! Het is niet bekend welke functie het blok heeft gehad op het schip. Andere onderzochte blokken, van verschillende afmetingen, weken weinig af in de verhoudingen. Sommige waren wel iets dikker. In de ontwikkeling van het blok lijkt er een flinke sprong voorwaarts te zijn gemaakt!

De verscheidenheid aan éénschijfsblokken is zo groot, dat Howe tot 14 subtypes komt. Hij onderscheidt vier hoofdvormen: ellipsvormige, peervormige, lensvormige en bolvormige. In het kader van deze bijdrage voert het te ver om alle 14 subtypes te bespreken. Soms gaat het om details, zoals de wijze van kantafwerking. Naar mijn bescheiden mening zie ik geen noodzaak voor een zo grote diversiteit aan blokvormen voor het lopende want. Een paar bloktypes volstaan, ook al omdat de blokafmetingen aangepast kunnen worden aan de touwdiktes. De uiteenlopende afwerkingen van de blokken geeft eerder de indruk dat ze afkomstig zijn van verschillende leveranciers, ieder met hun eigen werkwijze.

SO1-blok type 2
Foto auteur

Met de SO1-blokken leek het erop dat er een prototype was ontstaan. Inderdaad zie je dat terug in bloktype 2. (zie **21**) Het is bijna identiek aan het oogvormige SO1-bloktype 2.

Nog eens dertig jaar later geven zelfs twee schepen hun geheimen prijs. Het zijn de in 1628 bij de eerste uitvaart gezonken *Vasa* en de in 1629 in Australië op de klippen geslagen *Batavia*. In het wrak van de *Vasa* is het ongekende aantal van 412 complete blokken gevonden en nog eens 143 fragmenten, naar schatting 60 procent van het totale aantal blokken. De grote verscheidenheid aan bloktypes, gecombineerd met de vindplaatsen op

| | |
|---|---|
| Afmetingen: | 38,7 x 30,4 x 11,8 cm |
| Ratio's: | 1 : 0,78 : 0,3 |
| Geschatte touwdikte | 2,5 cm |
| Ratio TD : L= | 1 : 15,5 |

Evenals het SO1-blok is dit blok heel plat, maar het is breder in verhouding tot de lengte.

## Reconstructie van een tuigageonderdeel

**Links:**
Blok van subtype 2
Foto Vasamuseum

**Rechts:**
Blok van subtype 4
Foto Vasamuseum

Het blok van **21** is iets minder breed en, vooral ook, platter.

| | |
|---|---|
| Afmetingen: | 42,3 x 32 x 10,5 cm |
| Ratio's: | 1 : 0,75 : 0,25 |
| Geschatte touwdikte | 2,7 cm |
| Ratio TD : L= | 1 : 15,6 |

Het is een vrij groot blok. Howe heeft er geen verklaring voor waarom de blokken zo plat zijn. Andere bloktypes zijn minder plat.
Een ander blok, (zie **22**) van subtype 10, is juist weer heel dik, maar tegelijk veel langwerpiger.

| | |
|---|---|
| Ametingen: | 30,9 x 17,2 x 15,3 cm |
| Ratio's | 1 : 0,55 : 0,49 |
| Geschatte touwdikte | 2,7 cm |
| Ratio TD : L= | 1 : 11,4 |

De grote bulk van blokken, 80%, hoorde tot bloktype 1(zie **23**). Het zijn vooral de wat kleinere blokken, tussen 14 en 22 cm, die het meest nodig waren. Het is een wat minder bol en langwerpiger blok, met wat grover afgeschuinde kanten. Slechts enkele blokken zijn groter, rond de 48 cm lengte. Deze zullen voor het zware werk zijn gebruikt. Er is geen sprake van standaardafmetingen, er zijn maar weinig blokken met dezelfde grootte. Dat resulteert in tientallen verschillende blokafmetingen, terwijl de bijhorende touwdiktes maar weinig van elkaar verschillen. Een gemiddelde ratio met een slag om de arm:1 : 0,6 : 0,35.

Het merendeel der blokken was van eiken gemaakt, de rest van essen. Een aantal was voorzien van ijzeren stroppen en een haak. Het mag een wonder heten dat er in het wrak van de *Batavia* resten van drie blokken zijn gevonden.

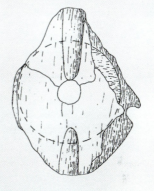

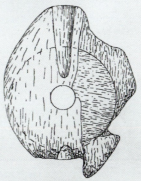
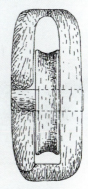

**Links:**
Blok van subtype 10
Foto Vasamuseum

Blok 1 van de Batavia.
Tekening uit Green

Blok 2 van de Batavia.
Tekening uit Green

Waarschijnlijk hebben de blokken toebehoord aan paarden van kanons. Hierdoor zouden ze bewaard zijn gebleven, dieper gelegen onder het zand. In het opgravingsrapport zijn geen afmetingen opgenomen, wel kunnen de verhoudingen op grond van de tekening, bij benadering, worden bepaald:

Blok 1:   1 : 0,77 : 0,44
Blok 2:   1 : 0,77 : 0,38

**Links:**
Blok van subtype 1
Foto Vasamuseum

Omdat het dubbelschijfsblok (zie **Fig. 24** en **25**) het best bewaard is gebleven kan wat nauwkeuriger de verhouding van lengte/breedte, van 1 : 0,67, worden bepaald. De enkelschijfsblokken lijken wat ronder van vorm dan de dubbelschijfs. Ook zijn ze minder plat als de blokken van de *Vasa*.

Dubbelschijfsblok van de *Batavia*
Tekening uit Green

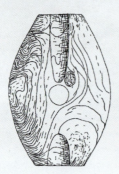 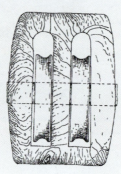

BZN17-blok.
Foto Archeologisch depot provincie Noord-Holland

Van een ander Nederlands schip zijn in het wrak, naar zijn vindplaats (ten noordoosten van Texel) BZN17 genoemd, ook wel vanwege zijn lading Palmhoutwrak geheten, eveneens blokken gevonden. Alle blokken waren van essenhout gemaakt. De relatief kleine blokken varieerden in grootte van 9,5 cm tot 18,6 cm, behorend bij een kleiner schip.

| Afmetingen (zie **25**): | 14 x 11 x 5,2 cm |
|---|---|
| Ratio's: | 1 : 0,71 : 0,37 |
| Touwdikte: | 1,4 cm |
| Ratio TD – L = | 1 : 10 |

BZN17-blok
Foto Archeologisch depot provincie Noord-Holland

De blokken hebben veel weg van de *Batavia*-blokken. Opvallend is hoe steeds verder de neuten doorlopen, zoals ook bij de *Batavia*-blokken, tot aan de as. Ook worden de blokken compacter, voor een klein blok is de touwdikte vrij groot. De kantafwerking is nog wat scherp.

**Rechts:**
BZN9-2 blok
Maritiem depot Batavialand

**Onder:**
BZN9-2 blok
Maritiem depot Batavialand

Dit blok (zie **26**) is zelfs nog breder en compacter.

| Afmetingen: | 15 x 12 x 6,5 cm |
|---|---|
| Ratio's: | 1 : 0,8 x 0,43 |
| Touwdikte: | 2 cm |
| Ratio TD – L = | 1 : 7,5 |

Zou het een nieuwe trend zijn om blokken korter te maken, zodat er minder hout nodig is en ze daardoor lichter zijn. Door de ver doorlopende neuten wordt de as door de strop geborgd. Wel zijn de blokken wat dikker, waardoor de as beter wordt gesteund. Voor een touw van 2 cm dik is dit een heel compact blok.

In het gebied Breezand Noord zijn veel schepen vergaan. Een ander wrak uit dit gebied is het BZN9-2 wrak, gedateerd op de derde kwart van de zeventiende eeuw. De precieze lengte van het schip en haar datering zijn vooralsnog onduidelijk. Hierin is een éénschijfsblok gevonden. Dit blok dateert dus uit de beginperiode van *De Zeven Provinciën* en zou dus model kunnen staan. Het blok is van de bekende oogvorm.

| Afmetingen: | 20 x 14,5 x 8 cm |
|---|---|
| Ratio's: | 1 : 0,72 : 0,4 |
| Schijfdikte: | 2,5 cm |
| Touwdikte: | 2 cm |

In vergelijking met de blokken van BZN17 is de kantafwerking veel ronder en netter. Een restant touw is aanwezig in het blok.

Het wrak van BZN10 alias de *Lelie 2*, is gedateerd vierde kwart zeventiende eeuw. Het schip was een pinas van mogelijk Noord-Duitse afkomst, een bewapende koopvaarder met een lengte van ca. 35 m. In dit wrak is een éénschijfsblok gevonden. (zie **27, 28** en **29**)

| Afmetingen: | 20,5 x 16 x 9 cm |
|---|---|
| Ratio's | 1 : 0,78 : 0,44 |
| Schijfdikte: | 20 mm. |
| Ratio TD – L = | 1 : 12 |

De strop van eveneens 1,7 cm dik is gemaakt met een grommer. Ook van dit blok zijn de kanten mooi rond afgewerkt. Goed is te zien dat de samenvoeging van de kardelen van de grommer in de onderneut is aangebracht. De doorvoer voor het touw toont slijtage.

In 1686 verging in de monding van de Mississippi het in 1680 gebouwde Franse schip *La Belle*. In het wrak zijn minstens 42 blokken van verschillende types en vormen gevonden. Onder de éénschijfsblokken zijn vier subtypes te onderscheiden. Het robuuste blok (zie *30*) is met zijn rechthoekige vorm niet eerder aangetroffen. Doelbewust lijkt een zwaar blok gemaakt te zijn.

| | |
|---|---|
| Afmetingen zijn: | 28,8 x 21 x 11 cm |
| Ratio's: | 1 : 0,7 : 0,4 |
| Schijfdikte | 2,7 cm |
| Touwdikte geschat | 2,5 cm |
| Ratio TD – L = | 1 : 11,5 |

Opvallend is het hoe ver de touwkervingen rondom tot de as doorlopen, waarmee de as stevig op zijn plaats wordt gehouden en daarmee het gehele blok.

**Linksboven:**
BZN-10 blok
Maritiem depot Batavialand

BZN-10 éénschijfsblok
L2-23.
Maritiem depot Batavialand

Dit blok (zie *31*) is bijna kogelrond! Bovendien wordt door de dikke wangen de bolle vorm nog meer geaccentueerd. Zou dat een Franse cultuur zijn?

| | |
|---|---|
| Afmetingen: | 18,0 x 17,4 x 10,3 cm |
| Ratio's: | 1 : 0,96 : 0,5 |
| Schijfdikte | 2,7 cm |
| Touwdikte geschat | 2,3 cm |
| Ratio TD – L = | 1 : 7,8 |

Ook is het bijzonder dat dit kleine blok geschikt is voor een 2,3 cm dik touw. Het blok (zie *32*) komt met zijn verhoudingen en parallelle, oogachtige, vorm het meest overeen met de uit eerdere wrakken gevonden blokken.

| | |
|---|---|
| Afmetingen: | 25,0 x 17,0 x 12,5 cm |
| Ratio's: | 1 : 0,7 : 0,5 |
| Schijfdikte | 3,7 cm |
| Touwdikte geschat | 3,3 cm |
| Ratio TD – L = | 1 : 7,4 |

Ook dit blok is heel compact, met een touwdikte van 3,3 cm op een bloklengte van 25 cm. Corder heeft de blokken niet nader beschreven, haar doel was de tuigage als totaliteit in kaart te brengen. Daar waren diverse Hollandse invloeden in te herkennen. Evenals bij de *Vasa* zijn er op *La Belle* éénschijfsblokken aangetroffen van verschillende vormgeving. Noch Howe, noch Corder geeft hierover een verklaring. Mogelijk was sprake van specialisatie. Of, zoals eerder genoemd, zijn deze blokken ook afkomstig van verschillende leveranciers? Over de bestaansperiode van *De Zeven Provinciën*, tweede helft zeventiende eeuw, is duidelijk geworden dat sprake was een diverse vormgeving van blokken.

*La Belle*, bloktype 1
Foto Corder

*La Belle*, bloktype 2
Foto Corder

*La Belle*, bloktype 3
Foto Corder

**Rechts:**
Blokken van het VOC-schip *Amsterdam*.
Uit: Marsden

34

Oogvormige blok op *Le Machault* Foto Sullivan

**Onder:**
Blokken NB6 in de vitrine.
Maritiem depot Batavialand

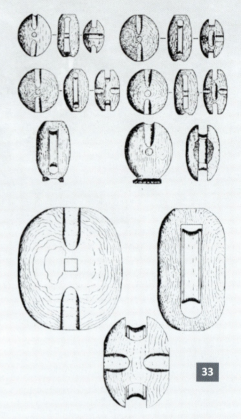

33

Daarom is het belangrijk om te weten welke van deze blokvormen van blijvende betekenis waren, bijvoorbeeld omdat ze goed functioneerden en goedkoop waren. Blokken van schepen uit latere tijd zouden daar uitsluitsel over kunnen geven.
In het wrak van het VOC-schip *Amsterdam* (1748), waarin veel van de tuigage gespaard is gebleven, zijn dezelfde drie subtypes te zien zoals eerder van *La Belle*, het oogvormige bloktype 3, het bolronde bloktype 2 en het robuuste bloktype 1 (zie 33). Deze blokvormen hebben ruim honderdzestig jaar standgehouden en bewijzen daarmee een succesformule te zijn. Marsden heeft de blokken niet nader beschreven. Zeer waarschijnlijk is bloktype 1 gebruikt voor zwaar werk, bloktype 2 voor het lichte werk en bloktype 3 voor alle overige functies.
In het in 1760 gezonken Franse oorlogsschip *Le Machault* zijn oogvormige blokken gevonden. (zie 34) Dit blok komt overeen met bloktype 3 van de *Vasa* en *La Belle*. Het is het verreweg meest

35

voorkomende blok dat in het wrak gevonden is. De afmetingen van het blok zijn niet beschreven, maar belangrijker is de nagemeten ratio L-B te weten, van 1 : 0,73. De neuten zijn opvallend groot uitgevoerd.
Als laatste vermelding enkele blokken, uit het wrak NB6, van een tjalk (ca. 1790) Deze wrakvondst toont dat ook op een klein schip naast elkaar meerdere blokvormen werden gebruikt. In de vitrine (zie 35) liggen, naast vioolblokken, blokken van verschillende typen en afmetingen.

In de tabellen uit Witsen zijn touwdiktes van de lopende tuigage opgenomen, in omtrekmaten van duimen en afgezet tegen verschillende diktes van masten. Wonderbaarlijk is het dat in de tabellen, met aflopende mastdikte, de opgaven niet kloppen. Vanaf 28 duim volgt 20 duim, daarna 26, 24, 23, 19, 13 en 12 duim. En tot aan 28 duim lijken de touwmaten te kloppen, daarna is geen 'touw meer aan vast te knopen'!

| Mast | Mast | Mast | Mast | Mast | Mast | Mast | Mast | Mast | Mast | Mast | Mast |
| --- | --- | --- | --- | --- | --- | --- | --- | --- | --- | --- | --- |
| Van | van | van | van | van | van | van | van | van | van | van | van |
| 34 | 32 | 30 | 29 | 28 | 20 | 26 | 24 | 23 | 19 | 13 | 12 |
| Duim | duim | duim | duim | duim | duim | duim | duim | duim | duim | duim | duim |
| 8½ | 8 | 7 | 6½ | 6 | 5½ | 5 | 7 | 6 | 5 | 4 | 4 |

Het is dan ook verwonderlijk dat deze tabellen in diverse publicaties zijn opgenomen, tot op de dag van vandaag, zonder vermelding van de fouten. Robyn en na hem Van Yk hebben wel de volgorde veranderd, dus na 28 voet volgt 27 en 26 voet enz. Maar de foute touwopgaven zijn dezelfde gebleven. Waarschijnlijk heeft Witsen de tabellen ontleend aan Thomas Miller, die in zijn *The compleat modellist* uit 1667 dezelfde fouten heeft staan. Zijn bron is misschien Hayward geweest, die een lijst van touwdiktes voor de Navy had gemaakt. Deze tabellen, met een indeling in rates, geven wel de juiste data. Het is onduidelijk hoe Miller de fout is ingegaan.

# Reconstructie van een tuigageonderdeel

vergelijken. De touwdiktes worden ontleend aan de tabel van Hayward. Een 134 voeter zou in Haywards tabel vallen tussen rate 6 en 7, de touwmaten van beide zijn gemiddeld. Alle touwmaten in die tijd waren overigens omtrekmaten

In de *De volmaakte Bootsman* zijn zowel tabellen met touwmaten als met blokken te vinden. Hoewel ook deze tabellen niet vlekkeloos blijken te zijn, kunnen de ratio's bloklengte-touwdikte van een scheepslengte als van de *De Zeven Provinciën* berekend worden. Ook op grond van door Anderson beschreven vuistregels kunnen deze waarden worden berekend. Deze moeten begrepen worden als grove aanwijzingen, er kan altijd vanaf geweken worden, naargelang de functie van een blok. Anderson waagde zich eraan om vanuit de scheepslengte niet alleen de mastdikte, maar ook de touwen van het lopende want te berekenen plus bijbehorende blokken.

In de overzichtstabel zijn de gevonden waarden van touw en blokmaten van Hayward en Witsen, *De volmaakte Bootsman*, Anderson, van Dik en van de documentatie van de Bataviareconstructie opgenomen. Dik heeft in zijn, voor modelbouwers, meer dan verdienstelijke boek van bijna alle touwwerk en blokken van staand en lopend want de afmetingen vermeld. Dik haalt de Engelse scheepsbouwer William Sutherland aan, die in 1717 in een publicatie een vuistregel beschrijft, waarbij voor de afmeting van een éénschijfsblok zou gelden dat de lengte ervan 8 maal de dikte van het touw is.

Het bolronde blok (zie 36) heeft een L-B ratio van 1 : 0,92.

Zou in de historische scheepsbouwliteratuur bevestiging kunnen worden gevonden van het bestaan van de drie subtypes blok, zoals uit de maritieme archeologie en historie naar voren is gekomen? Witsen geeft van een 134 voets pinas een overzicht van de lengtematen van een aantal blokken. Vuistregels zijn beschreven voor schip en tuigage, maar voor blokken zijn ze niet vermeld. Doordat Witsen niet de breedte en dikte van de blokken opgeeft is het niet mogelijk een lengte-breedte-dikte verhouding te bepalen. Daardoor wordt het niet duidelijk hoe blokken eruit hebben gezien. Alleen een bloklengte-touwdikte verhouding is na te gaan. Van een aantal blokken uit het overzicht van Witsens 134 voeter is het mogelijk om de lengte met de bijbehorende touwdikte te

Rond blok NB6
Foto auteur

**Linksboven:**
Uit: Hayward, *The sizes and lengths of Riggings.*

**Linksonder:**
Blokkentabel
Uit: *De volmaakte Bootsman.*

**Rechtsonder:**
Overzicht van gevonden waarden

| | | Omtrek in duimen | Doorsnee in cm | Bloklengte in duimen | Bloklengte in cm | Ratio L - Td |
|---|---|---|---|---|---|---|
| Hayward | Brassen | 2 | 1,6 | 8 | 20,6 | 12,8 |
| Volm. Bootsman | grootzeil | 3,25 | 2,6 | 13 | 33,4 | 12,8 |
| Anderson | | | 2,5 | | 36 | 14,4 |
| Dik | | | 3,3 | | 38,5 | 11,6 |
| Bataviadocumentatie | | | 2,4 | | 38,5 | 16 |
| Hayward | Schoten | 4 | 3,3 | 18 | 46,3 | 14 |
| Volm. Bootsman | grootzeil | 5 | 4 | 21 | 53,9 | 13,5 |
| Anderson | | | 4,7 | | 54 | 11,5 |
| Dik | | | 5 | | 53,9 | 10,8 |
| Bataviadocumentatie | | | 2,4 | | 35 | 14,5 |
| Hayward | Geitouwen | 2 | 1,6 | 10 | 25,7 | 16 |
| Volm. Bootsman | grootzeil | 3 | 2,4 | 14 | 36 | 15 |
| Anderson | | | 2,35 | | 36 | 15,3 |
| Dik | | | 3 | | 38,5 | 12,8 |
| Bataviadocumentatie | | | 2,4 | | 38,5 | 16 |
| Hayward | Boelijnen | 3 | 2,5 | 8 | 20,6 | 8,2 |
| Volm. Bootsman | grootzeil | 5 | 4 | 13 | 33,4 | 8,3 |
| Anderson | | geen data | | | geen data | |
| Dik | | | 3 | | | |
| Bataviadocumentatie | | | 2,4 | | 35 | 14,5 |
| Hayward | Fokke | 3,5 | 2,8 | 16 | 41,1 | 14,7 |
| Volm. Bootsman | schoten | 5 | 4 | 19[1] | 48,8 | 12,2 |
| Anderson | | | 4 | | 49,2 | 12,3 |
| Dik | | | 4,6 | | 50 | 10,8 |
| Bataviadocumentatie | | | ? | | | |

*Links:* Keerblok van de grootschoot
Detail van plaat 5 uit *Hollandse tweedekker*

*Rechts:*
Fragment van *Krijgsraad voor de Vierdaagse Zeeslag aan boord van de* De Zeven Provinciën, Willem van de Velde de Oude. Detail.
Collectie Rijksmuseum

Blokken op de *William Rex*. Rijksmuseum. Foto auteur

Oogvormig blok op de *William Rex*.
Rijksmuseum. Foto auteur

3D Oogvormig blok voor *De Zeven Provinciën* model.
Foto auteur

De waarden uit het literatuuronderzoek betreffen slechts lengte-touwdikte ratio's. De lengte-touwdikteratio's varieerden van 1 : 8,2 tot 16. Deze range komt aardig overeen met die uit het archeologisch onderzoek. Duidelijk is ook bij welke functies welke ratio's behoren. Zo geven zowel Hayward als *Volmaakte Bootsman* lage ratio's aan voor de blokken van de boeilijnen. Waarom voor de *Batavia* hiertoe is gekozen voor een veel grotere ratio is vreemd. Voor alle duidelijkheid, het gaat om de blokken die de spruiten van de boeilijnen bij elkaar brengen. Het is zinvol als deze blokken licht worden uitgevoerd, om de belasting op de zeilen zo laag mogelijk te houden. Ook valt op dat de blokken voor de geitouwen vrij groot zijn in verhouding tot de touwdikte, wat te verklaren is door het grote gewicht van een te hijsen (nat) zeil. Voor het lopende want zijn zeker acht verschillende touwdiktes nodig met evenveel bijpassende blokafmetingen.

### Modellen en iconografie

Zou het oogvormige blok te herkennen zijn op modellen als het Hollandse tweedekkermodel en de *William Rex*? Of op schilderijen uit de periode van *De Zeven Provinciën*? Hoewel het fotomateriaal uit het boek van Winter naar hedendaagse begrippen van matige kwaliteit is, is wel een indruk te krijgen van de vormgeving en lengte-breedte verhoudingen, mits het blok van opzij is te zien. Het keerblok van de grootschoot op het achterschip maakt een opvallend bolle indruk. Dat wordt bevestigd met een opgemeten ratio lengte-breedte is 0,83. Dit is een opvallend breder blok dan het 'succesblok'. Ook andere blokken lijken dezelfde bollere vormgeving te hebben. Blokken op het *William Rex* model zijn wel te onderscheiden in vrij ronde (zie *37*) en langwerpige (zie *38*).

Op de bekende grisaille 'Krijgsraad voor de Vierdaagse Zeeslag', van Willem van de Velde de oude, zijn op het sterk ingezoomde fragment de blokken goed te zien. Deze blokken zijn duidelijk langwerpig. Het fragment toont hoe van de Velde de blokken heeft waargenomen en hoe gedetailleerd en nauwkeurig hij werkte.

Voor het model van *De Zeven Provinciën* worden de blokken ontworpen in 3D op de computer en vervaardigd met een 3D-printer. Hiermee wordt een zeer nauwkeurig resultaat bereikt en het blok functioneert soepel. Het blok (zie *39* en *40*) is gebindseld met een strop, gemaakt van een grommer. De strop is geheel bekleed, naar gebruik in de tijd van *De Zeven Provinciën*. Het afgebeelde blok, voor de grootzeilschoot;

| | |
|---|---|
| Afmetingen: | 52,3 x 39,7 x 22mm |
| Ratio: | 1 : 0,75 : 0,4 |
| Touwdikte: | 4 mm |
| Ratio TD-L: | 1: 13 |

## Samenvatting en conclusie

Dankzij wrakvondsten kon over een tijdsbestek van ruim twee duizend jaar het verhaal over de oudste blokken en de evolutie tot het 'moderne' blok van de zeventiende en achttiende eeuw worden beschreven. Om een historisch blok te beoordelen zijn twee factoren belangrijk: Ten eerste het ontwerp. Deels bepaald door de verhoudingen tussen lengte, breedte en dikte, deels door vormgevingskenmerken als rondingen en toevoegingen als knoppen. Ten tweede de manier waarop het blok was opgehangen. De oudste blokken met een hanger door een gat in het blok. Eén of meer tunnels in het blok met een strop daar doorheen betekent een sprong vooruit. Ter vervanging van tunnels kwamen neuten om de strop op zijn plek te houden. Wrakken zijn meestal niet exact te dateren en daardoor ook niet de gevonden blokken. Met een overzicht wordt de ontwikkeling van het blok in beeld gebracht.

In het overzicht (zie **41**) is de ontwikkeling van blokken vanuit de oudheid tot het vierde kwart van de zestiende eeuw te volgen. Na 1000 hebben blokken veelal een knopvormige verdikking gekregen waar twee tunnels in zijn aangebracht. Een strop passeert eerst in de voet een tunnel en daarna die in de knop. De strop is bovenop gesplitst of gebindseld. Een knopvorm op het blok komt terug bij blokken van de *Mary Rose*. Op het koggeblok ontbreekt de knop, de tunnels zijn in het huis zelf aangebracht. Deze ontwikkeling komt terug bij blokken van de *Mary Rose* en de Red Bay blokken. In plaats van de tunnel in de voet is een neut aangebracht. Zo kan de strop om het blok worden aangebracht en voor meer stabiliteit zorgen. De blokken zijn lang, smal en dun, met een tendens om korter, breder, dikker en peervormig te worden.

Vanaf rond 1590 is de opmars van het oogvormige blok goed te volgen. Dit was mogelijk doordat door de afwezigheid van tunnels het blok korter kon worden. Het is niet precies bekend wanneer dat gebeurde, waarschijnlijk ergens in het derde kwart van de zestiende eeuw. Hierdoor werd het mogelijk om als strop een grommer toe te passen. Een grommer heeft als voordeel dat bij het bindselen een bevestingsoog boven het blok overblijft. De lengte - breedte verhouding varieert tussen 1 op 0,7 tot 1 op 0,78. De vele wrakvondsten van vooral het maritiem archeologisch depot van Batavialand maakt een volledig beeld van de ontwikkeling van het blok in de zestiende en zeventiende eeuw mogelijk.

**Overzicht van de ontwikkeling van blokken van 298 v. Chr. tot 1550.**

| Kyrenia-blok 1:0,22:0,45 298 v.Chr. | Nemi blok 1:0,58:0,28 110 na Chr. | Serçe Liman 1:032:0,29 1050-1076 | Kogge Almere 1:0,42:0,38 1425 - 1450 | Mary Rose 1:0,46:0,25 1545 | Red Bay 1:0,5:0,4 1565 | Waterschip 1:0,54:0,3 1500-1550 |

**Overzicht van de ontwikkeling van blokken van 1550 tot 1700.**

| Waterschip 1:0,6:0,3 1550-1575 | Waterschip 1:0,6:0,3 1550-1600 | SO1 1:0,75:0,25 1592 | Vasa 1:0,77:0,4 1628 | Batavia 1:0,71:0,37 1629 | BZN17 1:0,72:0,4 1645 | BZN9 1:0,78:0,44 1650-1675 | BZN10 1:0,78:0,44 1675-1700 |

**Overzicht van de ontwikkeling van blokken van 1686 tot 1790.**

| La Belle 1:0,7:0,5 1686 | Amsterdam niet bekend 1748 | Le Machault 1:0,73:? 1760 | NB6 1:0,92:? 1790 |

**41** Overzicht van de ontwikkeling van het blok

In de historische scheepsbouwliteratuur zijn de verhoudingen tussen blokgrootte en touwdikte onderzocht. Daaruit bleek dat deze verschilden naar functie. Zo hebben geitouwen wat grotere blokken nodig en boelijnen kleinere. Van het meest gebruikte oogvormige blok zijn minstens acht afmetingen nodig, passend bij acht touwdiktes voor het lopende want.

Modellen en een grisaille van Willem van de Velde tonen het gebruik van de oogvormige en ronde blokken aan.

Voor het *De Zeven Provinciën*-model is gekozen voor het oogvormige blok en voor de kleine boelijnen de kleine ronde blokjes.

**Met dank aan:**
Ab Hoving, Menno Leenstra, Joran Smale, Joke Nienkter, Frank Dallmeijer en mijn echtgenote Simone Punselie ben ik erkentelijk voor hun hulp en suggesties bij het tot stand komen van deze bijdrage.

Auteur is werkzaam als vrijwillig zeilmaker en modelzeilmaker/tuiger bij Batavialand in Lelystad

**Fig. 68**
Het model van
De Zeven Provinciën.
Foto auteur

**Bronnen**
- Anoniem, *De volmaakte Bootsman*, oorspronkelijk in 1680 uitgegeven, later nog diverse herdrukken, voor het laatst in 1818 herdrukt. Het zou samen gesteld zijn door Symon of Simon van de Moolen (1658 – 1741), een zeventiende-eeuwse Nederlandse cartograaf, wiskundige, onderwijzer en astronoom (Amsterdam 1818).
- Anderson, R.C., *The rigging of ships in the days of the spritsail topmast* (New York 1927).
- Asaert, G., Bosscher Ph.M., Bruijn J.R. en van Hoboken W.J., *Maritieme Geschiedenis der Nederlanden,* in vier delen, onder hoofdredactie van, 1976-1978, III.
- Batavia documentatie, Batavialand, Lelystad.
- Bradley, Charles S, Chapter *Rigging and Deckware* in The Underwater Archeology of Red Bay, Basquo ship building and Whaling in the 16th Century (Parks Canada 2007).
- Corder, Catharine Leigh Inbody, *Rigging in the Days of the Spritsail Topmast, a Reconstruction of a Seventeenth-Century Ship's Rig* (Texas A & M University 2007) (2007).
- Dik, Cees, *De Zeven Provinciën* (Franeker 2007).
- Gawronsky, Jerzy H.G.(ED.) Jaarrapport van de stichting *VOC-schip 'Amsterdam'* (Amsterdam 1986).
- Green, Jeremy N., 1989, *The loss of the Verenigde Oostindische Compagnie retourschip BATAVIA, Western Australia 1629. An excavation report and catalogue of artefacts.* (Western Australian Museum 1989)103-104. https://museum.wa.gov.au › no-276-batavia-bar489 PDF.
- Hayward, Edward, *The sizes and lengths of riggings and the Hayward-Kendal pamphlet controversy* (Londen 1656).
- Laina, Swiny, Katzev, Susan W., *The Kyrenia Ship Final Excavation Report*, Volume I (Oxbow Books Limited2011).
- Knol, A. (Batavialand); Smale, MA J. (Batavialand); Rijksdienst voor het Cultureel Erfgoed, Batavialand te Lelystad, Maritiem Archeologisch Depot ): *Opgravingsdocumentatie scheepswrak NB-6 / NB6.* (Lelystad 2019). https://doi.org/10.17026/dans-zuh-pagp.
- Manders, Martijn, *Touw, scheurrak S01*, Een studie naar de touwwerken van het wrak Scheurrak SO1, welke in 1990 opgegraven zijn (Leiden/Alphen aan den Rijn1991).
- Maritiem Archeologisch depot, Batavialand, Lelystad.
- Marsden, Peter, *The County Hall ship,* London. International Journal of Nautical Archeology, (Texas 1974).
- Marsden, Peter et al, o.a. *Your Noblest Shippe: Anatomy of a Tudor Warship*, Volume 2 (The Mary Rose Trust Ltd. Portsmouth, England, 2009).
- Marsden, Peter, *The wreck of the Amsterdam*, Hutchinson, London, 1985.
- Matthews, Sheila D. et al, Serçe Limani, *An Eleventh-Century Shipwreck*, vol. I, hfdst.11 'Evidence for the Rig in the Serçe Liman wreck , illustraties van Sema Pulak, (Texas A&M University press 2004).
- Miller, Thomas, *The compleat modellist* (Yarmouth1656)
- Oleson, John Peter, Journal of Nautical Archeology, (1983).
- Robyn, Jacobus, *Hollandse scheepsbouw* (Amsterdam 1678).
- Rooij, Hans H. van, Gawronsky, Jerzy, *VOC-schip Amsterdam* (Amsterdam1989).
- Shaw, Joseph W., *A Double-Sheaved Pulley Block from Kenchreai,* Hesperia: The Journal of the American School of Classical Studies at Athens Vol. 36, No. 4 (Oct. - Dec., 1967), pp. 389-401 (16 pages) (Published By: The American School of Classical Studies at Athens 1967) 389-391.
- Sullivan, Catherine, *Legacy of the Machault, A Collection of 18th-century Artifacts, Studies in Archeology, Architecture and History* (National Historic Parks and Sites Branch, Parks Canada 1986).
- Ucelli, Guido, *La Navi De Nemi*. (La Libreria Dello Stato. Roma, Italy 1950) 182.
- Vos, Arent D. et al., *Wereldvondsten uit een Hollands schip*. Basisrapportage BZN17/Palmhoutwrak (Haarlem 2019).
- Winter, H., *Een Hollandse tweedekker, uit de jaren 1660/1670 naar het contemporaine model in het voormalige slot Monbijou in Berlijn* (Amsterdam 1968).
- Witsen, Nicolaes, *Aeloude en Hedendaagse Scheepsbouw en Bestier* (Amsterdam 1671, de tweede geheel herziene editie van 1690).
- Yk, Cornelis van, *De Nederlandse scheepsbouwkonst*, facsimile 1971 (Amsterdam 1697).

*Maarten Helwig*

De Nieuwe Waterweg, geopend in 1872, betekende niet alleen dat Rotterdam zich kon ontwikkelen tot de grootste haven van de wereld maar ook dat veel dienstverlening voor de scheepvaart tot ongekende bloei kon komen. De sleepdienst L. Smit & Co had zich in 1842 al in Maassluis gevestigd en tot 1900 kwamen daar onder andere de sleepdienst Hoek van Holland en de Internationale Sleepdienst Maatschappij nog bij. Talloos zijn de bedrijven en particulieren die zich eveneens met de havensleepvaart bezighielden en waarvan enkele uitgroeiden tot voorname bedrijven zoals Kotug en Jan Kooren. In recente jaren is de commerciële belangstelling voor de sleepvaart rond de Nieuwe Waterweg groot gebleven en zagen we de komst van Multraship, Fairplay, Svitzer, Boskalis en Boluda. Ook ALP Maritime Services zou zonder deze sleepvaarttraditie niet zo zijn ontstaan.

# 150 jaar Waterweg

**Wisseltentoonstelling**
Vanuit de invalshoek van sleepvaart en berging is in het Sleepvaartmuseum in Maassluis een tentoonstelling te zien. De officieuze opening van de Nieuwe Waterweg vond plaats met een sleepboot: de radersleepboot *Zierikzee* sleepte op 10 juli 1871 via de nog onvoltooide route de loggers *De Toekomst* en *Willem Stuart* naar zee. De Nieuwe Waterweg werd officieel geopend verklaard toen op 9 maart 1872 de *Richard Young* als eerste zeeschip gebruikmaakte van de nieuwe vaarweg nadat deze officieel geschikt was bevonden voor grote zeeschepen. De officiële diepte was destijds 4 meter. Met de Nieuwe Waterweg kwamen ook de strandingen of erger. De radersleepboten hebben menig schip in nood geholpen of opvarenden gered. De roeireddingboot lag de eerste jaren in Maassluis en werd door een sleepboot naar de plaats des onheils gesleept. Vaak bleef het echter bij een stranding en kon zo'n schip bij hoogwater weer eenvoudig worden vlot gebracht en haar weg vervolgen. Er strandden verbazingwekkend veel schepen in de begintijd, vaak stoomschepen. Zeilschepen, afhankelijk van de wind als ze zijn, zochten liever de ruimte op zee bij storm.
De eerste sleepboot die op de Nieuwe Waterweg verloren is gegaan, is waarschijnlijk de radersleepboot *Zuid-Holland*. Op 19 november 1893 was de uitgaande Scheveningse Bom *SCH115* vanwege het slechte weer naar de Waterweg teruggekeerd. Een stortzee sloeg vijf vissers overboord en er raakte een zwaard van de bom beschadigd. Onbestuurbaar verdaagde de bomschuit op de strekdam. De *Zuid-Holland* heeft tweemaal geprobeerd vast te maken waarbij het eigen roer defect raakte zodat de radersleepboot eveneens op de strekdam terechtkwam. Roeireddingboten konden beide schepen niet bereiken. Uiteindelijk lukte het een loodsjol de elf man bemanning van de *Zuid-Holland* en de overlevende vissers in twee tochten in veiligheid te brengen door bij eb tussen de Zuiderpier en de strekdam te.roeien. Voorbeelden van ernstige rampen zijn die met de *Berlin*, de stoomsleepboot *Schelde*, de *Vikingbank* of recenter de *Fairplay 22*.
In de loop van de jaren is de scheepvaart op en rond de Waterweg groter en veiliger geworden. Strandingen, ongelukken, gezonken schepen, zoals met de *Mavis*, *Faustus*, *Anco State*, *Elwood Mead*, *Energy Concentration* en *Zhen Hua 10* komen nog maar weinig voor. Daarvoor in de plaats gekomen zijn de grote transporten voor de offshore en de industrie. Iets oudere voorbeelden zijn de droogdokken en tinbaggermolens die met meerdere sleepboten in Rotterdam aankwamen of juist vertrokken. Van recenter datum (1976) is het *Andoc* platform dat vanuit Europoort naar Noorwegen is versleept met 78.000 pk van 6 sleepboten er voor of de *Bonga*.

Allemaal te zien in de nieuwe wisseltentoonstelling van het Nationaal Sleepvaart Museum in Maassluis. Kijk op website www/nationaalsleepvaartmuseum.nl, ook voor de openingstijden. Naar aanleiding van de tentoonstelling is een rijk geïllustreerd boek verschenen onder de titel *Anderhalve eeuw Waterweg gezien vanuit het perspectief van de sleepvaart en berging*.

Uit vroeger tijd: zeilloggers worden naar zee gesleept (foto: collectie NSM)

ISBN 9789462499768
*Anderhalve eeuw Waterweg*,
door Nico J. Ouwehand
128 pag., kleur
Walburg Pers

Koos Westra en Dick Huges

# John Harrison en zijn H4 zeehorloge

## Hoe een selfmade genie het eeuwenoude probleem van de lengtebepaling op zee oplost

Aanlanding op Engelse zuidkust na 700 mijl 'leeg' water; lengtepositie wordt 68 mijl (10%) te veel oostelijk geschat.
Uit *Pacific Sail*

*Tweeëndertig dagen na vertrek uit Lissabon nadert HMS* Orford *op 24 juni 1737 de Engelse zuidkust. Aan boord bevindt zich de klokkenmaker John Harrison tezamen met zijn revolutionaire H-1 navigatieklok die voor het eerst op zee getest wordt. Volgens de navigator varen ze op Start Point, oost van Plymouth af. Harrison echter beweert dat het land voor de boeg het meer westelijk gelegen Lizard Point is. Zijn klok vertelt hem dat. Een lengteverschil tussen beiden kapen van 68 zeemijl (126 km)! Harrison's bemoeienis irriteert de kapitein en hij geeft opdracht Harrison op te sluiten in zijn hut. Weg met die zeezieke lastpost! Maar dan verschijnt* **over stuurboord** *Eddystone Lighthouse boven de horizon. Dit lichtbaken ligt pal zuid van Plymouth en dus westelijk van Start Point. Harrison heeft dus gelijk. Door onmiddellijk de koers naar oost te verleggen lukt het de* Orford *nog net op tijd schipbreuk op de verraderlijke Manacles Rocks te voorkomen.*

Naar aanleiding van dit voorval erkent de Admiraliteit dat Harrison zijn H-1 zeeklok 'useful' is voor de lengtebepaling op zee maar wijst er ook op dat de klok te groot is voor gebruik op een schip. De klok is 'unpractical' en moet kleiner worden.

**Waar zitten we?**
Voor een positie op een lege zee moet de navigator zijn scheepsbreedte en zijn scheepslengte (breedtegraad en lengtegraad) aan de weet zien te komen. De scheepsbreedte is gemakkelijk dankzij de Poolsterhoogte en de Middagbreedte. Daar werkte men in de 15e eeuw al mee. (Zie Scheepshistorie 28, pagina 111-112) En het vinden van de scheepslengte is in theorie ook niet moeilijk. Als de navigator weet hoe laat het is aan boord en op datzelfde moment weet hoe laat het in de ver-

Lizard point ligt 68 zeemijl westelijk van Start Point met de verraderlijke Manacles Rocks vlakbij.
Uit *Time Wereldatlas*

trekhaven is, kan hij dit tijdsverschil omwerken naar een lengteverschil (zie kader 1). De lokale boordtijd is dagelijks met de zon te ijken. Want als de zon zijn grootste verticale hoekhoogte boven de scheepshorizon bereikt, passeert hij door de scheepsmeridiaan en is het per definitie precies 12 uur plaatselijke ware zonnetijd. Deze grootste zonshoogte vindt hij met een sextantwaarneming. Maar om aan de weet te komen hoe laat het op datzelfde moment in de vertrekhaven is, was eeuwenlang een onoplosbaar probleem omdat de klokken vroeger veel te onnauwkeurig waren. De enige manier om een benaderde scheepslengte te verkrijgen was met het zogenaamde Gegiste Bestek. Hierbij worden de gevaren koers en de gevaren afstand door het water in de kaart uitgezet. Op korte reizen van een of twee dagen is dit redelijk betrouwbaar maar hoe langer de reis duurt, hoe onnauwkeuriger de Gegiste Bestek-positie wordt. Dan heb je het over honderden mijlen mis. Talloze schepen zijn daardoor vergaan. In dit artikel gaan we wat dieper in op de zoektocht naar een voldoende nauwkeurige mechanisch klok.

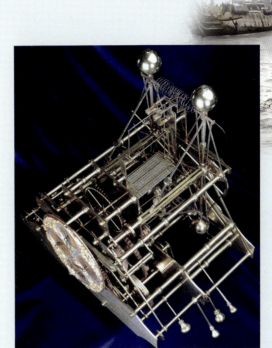

Harrison's H1 zeeklok, cardanisch opgehangen in zijn kist, wordt ingescheept voor de testreis naar Lissabon en terug. Uit BBC-DVD Longitude

De H1 zeeklok zelf: 34 kg, 63 cm hoog, 70 cm breed, 45 cm diep. Nauwkeurige klok maar te groot voor aan boord. Uit: *The quest for Longitude*

### De relatie tussen tijd en lengte
De zon beweegt, gezien vanaf de aarde in 24 uur 360° westom rond de aarde. Dus per uur schuift de zon met 15° naar het westen. Is het bijvoorbeeld 12 uur aan boord en op datzelfde moment is het 15 uur in de vertrekhaven dan is er 3 uur tijdsverschil wat betekent dat er 3 x 15° lengteverschil is tussen beide locaties. De lengtepositie van de boot is dan dus 45° west van de vertrekhaven. Echter omdat de verplaatsing van de zon naar het westen zeer snel is (463 m/sec, dus zo'n 30% sneller dan de snelheid van het geluid) moet deze klok heel nauwkeurig zijn. Een fout van 1 minuut in tijd bijvoorbeeld betekent een lengtefout van 15 zeemijl (28 km). (Zie afbeelding A op pagina 52)

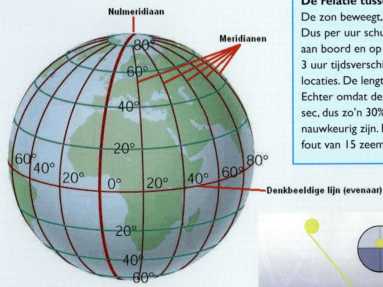

Aards coördinatenstelsel: de (groene) oost-west lopende breedtecirkels (parallellen) lopen evenwijdig aan de evenaar; de (rode) noord-zuid lopende lengtecirkels (meridianen) lopen door beide polen oost of west van de Greenwich-nulmeridiaan.

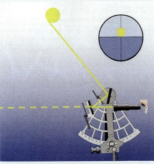

De sextant meet verticale hoekhoogtes van de zon boven de scheepshorizon.

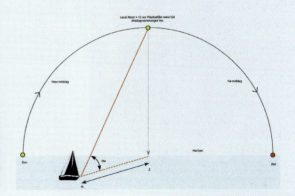

De zon bereikt zijn hoogste stand boven de scheepshorizon als hij door de scheepsmeridiaan passeert.

*Pandora* vergaat in 1791 in de west-Pacific als gevolg van onvolledige lengteposities van het Groot Barrière Rif. Uit *Pacific Sail*

**Rechts:**
Ooit vertrokken maar nooit aangekomen.
Internet

## Gemma Frisius
Gemma Frisius (1508 – 1555), geboren in een arm gezin bij Dokkum ontwikkelt zich via de Latijnse School in Groningen tot een geniale wetenschapper in Leuven. In 1530 oppert hij als eerste het idee om voor de lengtebepaling op zee het tijdsverschil tussen de boot en de vertrekhaven met een mechanische klok te meten en dit tijdverschil dan om te werken naar een lengteverschil. Zijn logica is juist maar praktisch niet toepasbaar omdat de klokken in die tijd bij lange na niet nauwkeurig genoeg waren. Een kwartier afwijking per dag of meer was normaal. En 15 minuten fout in tijd betekent 225 mijl (415 km) fout in lengte. Dat werkt niet. Er moest een nauwkeuriger klok komen. Dat lukt in 1656.

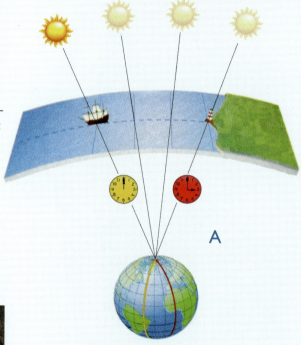

**Rechts:** De zon passeert door de meridiaan van de boot, dus lokale zonnetijd is 12:00 uur; de zon heeft vanuit de vertrekhavenmeridiaan 3 uur nodig om de scheepsmeridiaan te bereiken. Lengtepositie boot is 45° west van de vertrekhaven.

Gemma Frisius uit Dokkum wordt 'hooggeleerd' in Leuven; zo geeft hij wiskundeles aan Karel V in Brussel.

Christiaan Huygens, 42 jaar oud.
Uit: The quest for Longitude

## Christiaan Huygens
Onze geniale landgenoot Christiaan Huygens (1629–1695) ontwerpt de eerste slingerklok. Deze is zeer nauwkeurig met maar een afwijking van enkele seconden per dag. Geeft dit navigatiekansen voor het vinden van de lengtegraad? Ja en nee. Een slingerklok is weliswaar niet te gebruiken op een slingerend schip maar wel op de wal. In het sterrenkundige Observatorium in Greenwich (1675) kunnen astronomen nu nauwkeurige slingerkloktijden relateren aan hoekafstanden tussen de zich traag verplaatsende maan, (de 'hemelse uurwijzer', 360° in 30 dagen, dus 12° per dag) en de, op 'oneindige' afstand en daardoor

stilstaande sterren op de achtergrond (de 'hemelse wijzerplaat'). Deze, tot drie jaar toe vooruit berekende hoekafstanden kunnen dan gepubliceerd worden in een gemakkelijk aan boord mee te nemen (goedkoop) boekwerk, de Nautische Almanak. De navigator op zee kan nu zijn zelf gemeten maans-hoekafstand vergelijken met de overeenkomende hoekafstand in de Almanak en zo aflezen hoe laat het in Greenwich is op het moment van zijn eigen waarneming. Het gevonden tijdsverschil wordt vervolgens omgewerkt naar een lengteverschil (zie kader 1).

Huygens in de klokkenwinkel van Salomon Coster in 1657.
Uit: *Verhaal van de Tijd*

### 20.000 pond beloning

In november 1707 vergaan vier Engelse oorlogsschepen op de Scilly Eilanden in zuidwest Engeland (zie kaart op pag. 50). Ze hebben hun scheepslengte verkeerd berekend. Bijna 2000 man verdrinken. De natie is geschokt. Dit is aanleiding voor Queen Ann en het Engelse Parlement om in 1714 een geldprijs van 20.000 pond (zo'n 4 miljoen pond nu) uit te loven voor degene die het probleem van het vinden van de lengtegraad op zee 'practicable and useful' kan oplossen. De zogenaamde 'Longitude Act'. Deze vereist na een oceaanoversteek een nauwkeurigheid in lengte van 30 mijl of beter. Dit prikkelt de fantasie van velen en allerlei bizarre voorstellen volgen. Uiteindelijk blijven er maar twee serieuze voorstellen over: de 'hemelse' klok en de mechanische klok. De astronomen van het Observatorium van Greenwich zijn al sinds 1675 bezig met de hemelse klok, de Maansafstanden (zie *Scheepshistorie 29*, pagina 118-128). De tweede mogelijkheid is een nauwkeurige mechanische klok, zoals in 1530 al voorgesteld door Gemma Frisius.

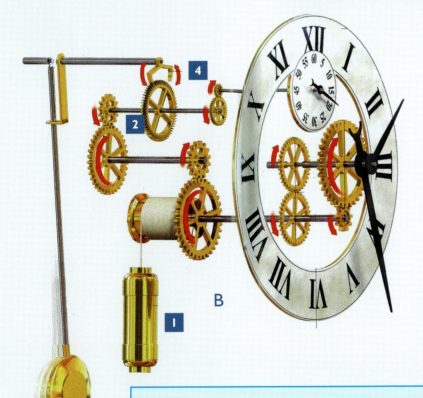

Basisopbouw van een slingerklok.
1) Krachtbron
2) Gangrad
3) Slinger
4) Anker

### Hoe werkt een mechanische klok?

Elke klok bestaat in essentie uit drie onderdelen:
1. Een **krachtbron** zoals een gewicht of een veer;
2. Een **tandwieltrein** met overbrengingen voor uren, minuten en seconden;
3. Een **gangrad** met anker en slinger (echappement) dat door de krachtbron via de tandwieltrein in beweging gebracht wordt.

Een echappement is een onderdeel van een mechanisch uurwerk dat de aandrijfkracht van de energiebron (gewicht of veer) gedoseerd doorgeeft aan het gaande werk.
Het gangrad, dat lijkt op een tandwiel, wordt door het gewicht of de veer aangedreven, maar kan niet snel gaan draaien doordat één van de ankerbekken tussen de tanden grijpt. Komt de andere bek tussen de tanden en wordt de eerste bek teruggetrokken, dan kan het gangrad een halve stap verder draaien. De ankerbekken zijn verbonden met de slinger, die een vaste slingertijd heeft en zo wordt de slingertijd op het uurwerk overgebracht. Het gangrad geeft elke keer een duwtje tegen de ankerbekken waardoor de slinger in beweging wordt gehouden.

Vier Engelse oorlogsschepen vergaan in 1707 op de Scilly rotsen met bijna 2000 doden.

Rond 1728 besluit een eenvoudige Engelse platelands-timmerman een poging te wagen om een precisie-uurwerk te maken voor gebruik op zee. Die man heet John Harrison.

## John Harrison

John Harrison (1693-1776) is geboren in Foulby, een gehucht in het graafschap Yorkshire in noord Engeland. Zijn vader werkt als timmerman in dienst van een grootgrondbezitter. In 1697 verhuist het gezin Harrison naar Barrow, een iets groter dorpje gelegen aan de rivier de Humber tegenover Hull. John wordt, net als zijn vader timmerman en heeft een talent voor het bouwen van slingerklokken. In de periode 1720 tot 1728 bouwt hij, samen met zijn broer James meerdere staande slingerklokken. Deze klokken staan lokaal bekend om hun extreme nauwkeurigheid met een afwijking van enkele seconden per maand! Deze nauwkeurigheid bereiken ze mede dankzij het 'gridiron-temperatuurscompensatie' in de slinger. Als Harrison hoort over de enorme prijs van 20.000 pond besluit hij deze uitdaging aan te gaan. Enkele jaren later heeft hij het ontwerp van zijn eerste zeeklok in concept klaar.

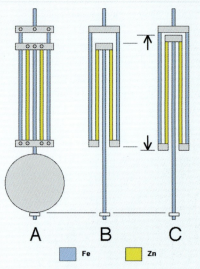

Het gridiron-compensatiemechaniek (Fe = staal, Zn = messing, zie verder) is ingebouwd in de slinger waardoor de exacte lengte van de slinger door verschil in uitzettingscoëfficiënt van messing en staal ondanks temperatuur-variaties constant blijft.

**Rechts:** Slingerklok, in 1728 gebouwd door de broers John en James Harrison.

Barrow aan de rivier de Humber, ten zuiden van Hull

John Harrison woonde in dit huis in Barrow van 1726 tot 1736. Zijn H1 werd hier tussen 1730 en 1735 gebouwd en getest.

## Naar Londen

In 1730 reist Harrison met zijn schetsen naar Londen om dit voor te leggen aan de Lengtegraad Commissie. Eenmaal in Londen kan hij de Commissie eerst niet vinden. Er is geen officieel adres. De Commissie komt alleen bijeen als daar aanleiding toe is en dat is in hun 16-jarig bestaan nog nooit gebeurd. Daarom gaat hij maar naar het Sterrenkundig Observatorium in Greenwich waar hij de Koninklijke Astronoom Edmond Halley (1656-1742) aantreft. Halley ontvangt Harrison vriendelijk maar vertelt hem dat het Observatorium al sinds 1675 zich focust op de Maansafstanden en dat hij geen verstand heeft van mechanische klokken. Hij verwijst Harrison daarom door naar George Graham, Londen's meest beroemde klokkenmaker. Graham (1673–1751) is, net als Halley, lid van de gedistingeerde Royal Society, de in 1660 opgerichte Engelse Vereniging van Wetenschappers. En de R.S. is ook één van de drie partijen (naast de Marine en het Parlement) die zitting hebben in de Longitude Commissie die mag beslissen over de toekenning van de Longitudeprijs. Graham ontvangt Harrison in zijn werkplaats en het contact verloopt aanvankelijk

John Harrison en zijn H4 zeehorloge 55

stroef. Maar lopende de dag voelt Graham het fijnmechanische talent van collega Harrison en ontstaat er connectie. Aan het einde van deze historische dag heeft Harrison het vertrouwen van Graham verworven en steunt deze hem met een tegemoetkoming van 200 pond (40.000 pond nu!). Harrison kan aan de slag in Barrow.

George Graham, Londen's bekendste klokkenmaker.

Edmond Halley, de tweede Koninklijke Astronoom.

Greenwich Observatorium rond 1700 met de River Thames op de achtergrond.

### De Harrison H1
Harrison heeft 5 jaar nodig om zijn eerste zeeklok, de H1 te voltooien (1730-1735). In essentie is de H1 een mobiele versie van zijn slingerklok. Het grootste verschil tussen de H1 en zijn slingerklokken is dat hij géén zwaartekracht nodig heeft voor de werking - een essentiële eis voor een zeeklok. Daarom wordt de klok door een veer aangedreven. Het is een grote klok die gereguleerd wordt door twee balansstaven die verbonden zijn met balansveren. Tussen deze veren is een gridironconstructie (Engels: compensatieslinger) geplaatst voor de temperatuurcompensatie. Bij uitzetten van het metaal zouden de staven langer worden en daarom langzamer bewegen. Door de gridironconstructie worden dan de balansveren aangetrokken om het langzamer bewegen te compenseren. En de klok heeft tandwielen van pokhout wat veel vet bevat waardoor ze zelfsmerend zijn en geen last hebben van wrijvingsverlies en temperatuurvariaties.

### Weer naar Londen
In 1735 reist Harrison opnieuw naar Londen maar nu samen met zijn H1 zeeklok. Dit bezoek veroorzaakt een sensatie bij de Royal Society. Graham, Halley en de overige leden van de R.S. zijn zeer onder de indruk van dit spectaculaire ontwerp en besluiten in overleg met de Marine tot een testreis.

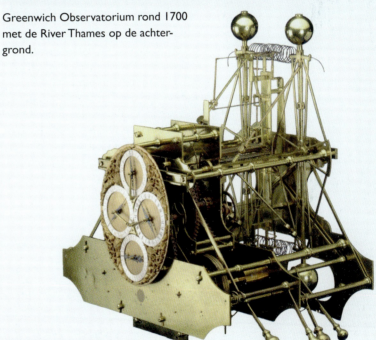

### Testreis 1 met de H1 naar Lissabon en terug
In mei 1736 vertrekt HMS *Centurion* naar Lissabon. Het weer is slecht. Harrison is de hele reis zeeziek maar de klok doet het best goed. Op de terugreis met HMS *Orford* doet zich tijdens de aanlanding op de kust van zuid-Engeland het meningsverschil tussen de kapitein en Harrison voor over de lengtepositie van de boot waarbij Harrison gelijk blijkt te hebben (zie de inleiding). Een 'gelukkig' incident waardoor hij de steun van de Lengtegraad Commissie verwerft en nu verder kan om een kleinere, meer 'practicable' klok te maken.

Harrison's eerste beroemde zeeklok, de H1

**Rechts:**
De balans met spiraalveer.

Eenmaal terug in Barrow realiseert Harrison zich echter dat er in Londen veel meer kloktechnische kennis beschikbaar is dan in het simpele dorpje Barrow. Daarom verhuist hij in 1736 met zijn gezin naar Londen en begint daar aan een nieuw ontwerp.

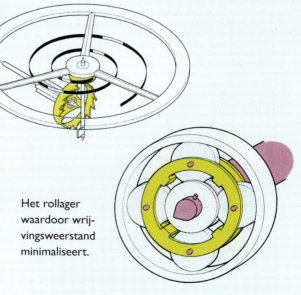

Het rollager waardoor wrijvingsweerstand minimaliseert.

### De Harrison H2
Voor deze klok, de H2, heeft hij nieuwe ideeën die hij wil toepassen. Eigenlijk is het een meer robuuste versie van H1. Ditmaal heeft hij een remontoir toegevoegd. Dat is een hulpveer die met korte intervallen wordt opgewonden door de grote veerton. Hierdoor blijft de veerspanning van deze hulpveer gelijk en heeft geen last van de veranderende veerspanning en kracht op de veerton. Omdat deze hulpveer het echappement dus aandrijft met constante kracht geeft dit zeer goede resultaten voor de tijdmeting. Wel heeft hij weer dubbele balansstaven gebruikt, nu echter van messing. De H2 is in 1741 klaar, maar Harrison ontdekt een fout in de balansstaven. De H2 is nooit getest op zee. Hij gaat meteen door naar een verder verbeterd ontwerp, de H3.

De H2 cardanisch opgehangen.

### De Harrison H3
Aan de H3 werkt hij 19 jaar. Er zijn weer enkele belangrijke verbeteringen in verwerkt. De beide balansstaven zijn nu vervangen door een snel heen- en weer-draaiende balans met een spiraalveer. De functie van deze balans is te vergelijken met die van een slinger en regelt de precisie-aandrijving van de klok en maakt het uurwerk bovendien kleiner. Verder vervangt Harrison het forse temperatuurs-compensatie-rooster door een veel kleiner en simpeler bimetaal (zie kader-3). En om de wrijvingsweerstand van de draaiende delen zo gering mogelijk te maken, introduceert Harrison als eerste rollagers. Allemaal baanbrekende verbeteringen maar toch lukt het hem niet om de H3 veel kleiner te maken. De H3 blijft 'unpractical' met zijn hoogte van 59 cm en gewicht van 27 kg (43 kg met de kist). Harrison zit na 25 jaar noeste arbeid op een doodlopend spoor en maakt een klokken-midlifecrisis door.

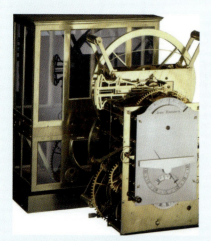

De H3, ook nooit getest op zee.

### Hoe werkt een bimetaal?
Een bimetaal is samengesteld uit twee aaneengeklonken strips van messing (geel) en staal (blauw). Als de temperatuur hoger wordt zal het messing stripje meer uitzetten dan de stalen strip waardoor de strip gaat buigen. De balansveer wordt zo effectief iets korter wat het uitzetten van de balans compenseert.

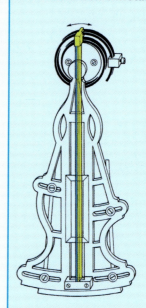

Bimetaal.

### De doorbraak: het Jefferys horloge
De klok MOET kleiner. Een horloge zou ideaal zijn. Maar horloges in die tijd zijn veel onnauwkeuriger dan de grotere klokken, met in het gunstigste geval afwijkingen van ruim een minuut per dag. Harrison heeft echter een instinctief vermoeden. Een van zijn klokkencollega's is John Jefferys (1701-1754). In 1751 vraagt hij Jefferys een zakhorloge voor hem te maken volgens zijn eigen ontwerp. Harrison wil dat er een grotere en met goud verzwaarde balans ingebouwd wordt. Het

soortelijk gewicht van goud (19,3) is bijna 2½ x groot als van staal (7,8). Hiermee breekt Harrison met de gewoonte van die tijd om in horloges met een zo licht en klein mogelijke balans te werken. Zijn door de jaren ontwikkelde fijnmechanische instinct zegt hem dat een grotere en zwaardere balans waarschijnlijk beter is. Als Jefferys het horloge in 1753 klaar heeft, blijkt dit vermoeden te kloppen. Dit feit is een doorbraak voor Harrison en hij ziet nieuwe mogelijkheden!

## De Harrison H4

In 1755 begint Harrison aan zijn vierde zeeklok, de H4. Nu kiest hij voor een groot horloge waarin veel van zijn vernieuwende ideeën zijn toegepast:
- een remontoir;
- een kleiner bimetaal voor temperatuurcompensatie;
- maintaining power, waarbij een kleine veer de aandrijving overneemt tijdens het opwinden zodat de klok blijft doorlopen en geen tijd verliest;
- veel lageringen in robijnen voor minimaal wrijvingsverlies;
- een speciale gang met lepels gemaakt van afgeronde diamanten;
- een grotere en zwaardere balans die sneller draait.

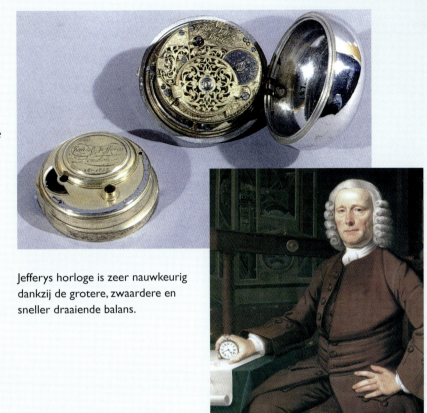

Jefferys horloge is zeer nauwkeurig dankzij de grotere, zwaardere en sneller draaiende balans.

Deze H4 chronometer is in 1759 klaar en Harrison is er zeer tevreden over. De diameter is 13 cm met een gewicht is 1,45 kg. Dus uiterst *'practical'* en door zijn precisie uiterst *'useful'*. Precies de vereisten zoals gesteld in de in 1714 door Queen Ann opgestelde *Act of Longitude*. Deze veelbelovende chronometer moet nu op zee getest worden.

### Testreis-2 naar Jamaica

In november 1761 is HMS *Deptford* onderweg van Engeland naar Jamaica. Aan boord bevindt zich William Harrison met het H4 zeehorloge. William heeft van jongs af aan zijn vader geholpen met de diverse klokken en is nu partner. Vader John zelf gaat niet mee. Hij wordt een dagje ouder (68 jaar) en herinnert zich de testreis met de *Centurion* in 1737 naar Lissabon en terug maar al te goed. Hij was toen constant zeeziek. Vroeg in de reis zijn er problemen met het drinkwater. Het is bedorven en alles moet overboord. De *Deptford* verlegt zijn koers naar Madeira om nieuw water en bier in te nemen. Probleem is echter dat ze Madeira niet kunnen vinden. Ze zitten wel op de juiste scheepsbreedte maar weten hun scheepslengte niet precies. Ligt Madeira oost of west van de boot? De bemanning heeft dorst en muiterij dreigt. Ongevraagd(!) adviseert William aan Captain Digges om zijn koers naar het westen te

John Harrison (73 jaar) met het Jefferys horloge in zijn rechterhand, op achtergrond de H3 en zijn staande klok met het temperatuur-compensatie-rooster in de slinger.

**Links:**
De H4 wijzerplaat.

**Rechts:**
De H4 binnenzijde

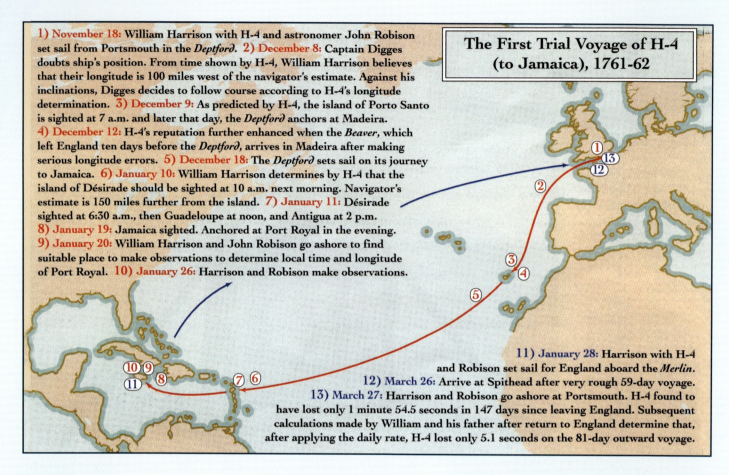

1) **November 18:** William Harrison with H-4 and astronomer John Robison set sail from Portsmouth in the *Deptford*. 2) **December 8:** Captain Digges doubts ship's position. From time shown by H-4, William Harrison believes that their longitude is 100 miles west of the navigator's estimate. Against his inclinations, Digges decides to follow course according to H-4's longitude determination. 3) **December 9:** As predicted by H-4, the island of Porto Santo is sighted at 7 a.m. and later that day, the *Deptford* anchors at Madeira. 4) **December 12:** H-4's reputation further enhanced when the *Beaver*, which left England ten days before the *Deptford*, arrives in Madeira after making serious longitude errors. 5) **December 18:** The *Deptford* sets sail on its journey to Jamaica. 6) **January 10:** William Harrison determines by H-4 that the island of Désirade should be sighted at 10 a.m. next morning. Navigator's estimate is 150 miles further from the island. 7) **January 11:** Désirade sighted at 6:30 a.m., then Guadeloupe at noon, and Antigua at 2 p.m. 8) **January 19:** Jamaica sighted. Anchored at Port Royal in the evening. 9) **January 20:** William Harrison and John Robison go ashore to find suitable place to make observations to determine local time and longitude of Port Royal. 10) **January 26:** Harrison and Robison make observations. 11) **January 28:** Harrison with H-4 and Robison set sail for England aboard the *Merlin*. 12) **March 26:** Arrive at Spithead after very rough 59-day voyage. 13) **March 27:** Harrison and Robison go ashore at Portsmouth. H-4 found to have lost only 1 minute 54.5 seconds in 147 days since leaving England. Subsequent calculations made by William and his father after return to England determine that, after applying the daily rate, H-4 lost only 5.1 seconds on the 81-day outward voyage.

**The First Trial Voyage of H-4 (to Jamaica), 1761-62**

Tweede testreis naar Jamaica met de H4 (1761/62).

Uit: *The Illustrated Longitude*

Nevil Maskelyne, de vijfde Astronomer Royal in Greenwich, een gedreven propagandist van de Maansafstanden (zie *Scheepshistorie 29*).

verleggen want volgens zijn H4-zeeklok is hun gegiste lengte te veel oostelijk. Dat was in die tijd een nogal gewaagde opmerking want ondermijning van het gezag van de kapitein was strafbaar. Digges reageert laatdunkend maar geeft Harrison toch 24 uur de tijd zijn beweringen te staven en verlegt zijn koers naar het westen. Er staat voor William veel op het spel. De volgende ochtend, terwijl kapitein Digges al order geeft om de oude koers weer voor te gaan liggen, verschijnt Porto Santo (vlak bij Madeira) boven de horizon. William heeft gelijk en wordt toegejuicht door de bemanning. Captain Digges toont zich een waardige 'verliezer'. Hij geeft William en zijn vader John *full credits for the accuracy of their remarkable seawatch'* en schenkt hen een octant *'to commemorate this succesfull trial*!

Deze testreis naar Jamaica is een groot succes. De H4 is zeer nauwkeurig en aan het eind van de 81 dagen durende uitreis loopt het horloge 5,1 seconde uit de tijd. De terugreis met HMS *Merlin* is zwaar met diverse stormen, wilde scheepsbewegingen en veel nattigheid onder dek. Niettemin doet de H4 het weer fantastisch.

**Frictie met de Lengtegraad Commissie**

Harrison en William gaan er nu van uit dat ze de Lengtegraadprijs van 20.000 pond hebben gewonnen. Ze voldoen immers ruim aan de eisen zoals gesteld in de Longitude Act uit 1714. Maar de Commissie ziet dat anders. De samenstelling van de Commissie is in de voorbije jaren nogal veranderd en niet in het voordeel van de Harrisons. Zijn vrienden van het eerste uur Edmond Halley (1742) en George Graham (1751) zijn beiden overleden. De vijfde Koninklijke Astronoom heet Nevil Maskelyne (1732-1811) en is nu het hoofd van het Greenwich Observatorium. Vanwege die functie is hij tevens de voorzitter van de Lengtegraad Commissie die gaat over de toewijzing van de 20.000 pond. Verder is hij de auteur van de Nautische Almanak voor de Maansafstanden die bijna klaar is. Bovendien zijn er sociale gevoeligheden, de geleerde wetenschappers in de Commissie zijn niet gecharmeerd van de gedachte dat een alleen-werkende 'gewone' ambachtsman er met de eer (en de prijs!) vandoor gaat. Er wordt dus obstructie georganiseerd. Hun tegenargument om de prijs niet uit te keren luidt: 'misschien is het gewoon geluk geweest dat de H4 zo precies was.

Eerst moet bewezen worden dat deze nauwkeurigheid reproduceerbaar is'. Een wat gezocht bezwaar maar de Commissie heeft de macht en houdt voet bij stuk. Daarom wordt besloten tot een nieuwe testreis.

### Testreis-3 naar Barbados
In 1764 gaan William en Maskelyne beiden naar Barbados. Maskelyne vertrekt al in augustus 1763. Hij moet eerst de exacte lengtegraad van Barbados bepalen met behulp van zijn telescoop en de manen van Jupiter. William vertrekt met zijn H4 op 24 maart 1764 met HMS *Tartar* en arriveert op Barbados op 13 mei. In drie weken is hij klaar en gaat op 4 juni op HMS *New Elisabeth* terug naar Londen.

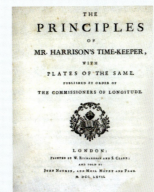

De technische beschrijving van het inwendige van de H4.

### Terug in Londen
Deze derde testreis is opnieuw een groot succes voor de Harrisons. Hun H4 verliest nu 39 seconden in een zeereis van 47 dagen. Dit is 3 maal beter dan vereist in de Longitude Act. Opnieuw eist Harrison de Longitude prijs op. En opnieuw ligt de Commissie dwars. Wel krijgt Harrison een certificaat met de officiële bevestiging dat zijn 'seawatch precise, useful and practicable' is maar de geldprijs krijgt hij niet. In plaats daarvan verandert de Commissie de voorwaarden van de 'Longitude Act'. Harrison moet eerst aan een team van collega klokkenmakers uitleggen hoe hij zijn H4 gemaakt heeft en ook moet een en ander in druk gepubliceerd worden zodat de H4 nagemaakt kan worden en de kennis van Harrison na zijn dood niet verloren gaat. Verder moet hij al zijn klokken inleveren en nog eens twee nieuwe identieke zeehorloges bouwen.
Voor het openbaar maken van zijn 'klokkengeheim' is nog wel begrip op te brengen. Het gaat tenslotte om het algemeen zeemanschappelijk

De *Tratar* in dok en klaar voor te water laten.
Uit: Harrison, an absolute treasure

Koning George III is actief geïnteresseerd in wetenschap.

nut waarbij de enorme geldprijs als aanjager fungeert. Maar om nog eens twee nieuwe identieke chronometers te moeten bouwen, is een onredelijke eis omdat Harrison de zeventig al voorbij is en zijn zicht slechter wordt. Dat gaat hem nooit lukken. Begrijpelijkerwijs voelt Harrison zich bedrogen en de relatie tussen hem en de Commissie verzuurt verder. Uiteindelijk heeft hij geen keus en stemt hij toe.

### Harrison onthult zijn H4-geheimen
Op 14 augustus 1765 wordt begonnen met de demontage van de H4 in gezelschap van zes gerespecteerde klokkenmakers onder wie Thomas Mudge (1715–1794), Larcum Kendal (1719-1790) en de instrumentmaker John Bird (1709-1776). Op 22 augustus is de demontage voltooid en in april 1767 publiceert de Lengtegraad Commissie haar verslag: *The Principles of Mr. Harrison's Time-Keeper*. Enkele weken later zijn de tekst en de tekeningen al 'gelekt' en vertaald in het Frans. Harrison zijn angst voor 'bedrijfsspionage' wordt bevestigd. De Commissie geeft Harrison nu een aanvulling waardoor het totaal aan uitkeringen aan hem nu 10.000 pond bedraagt. Resteert de tweede 10.000 pond maar die krijgt hij nog niet omdat de beide extra chronometers nog niet klaar zijn. Harrison en de Commissie praten inmiddels niet meer met elkaar. Er is een impasse.

### De Koning en de H5
Harrison is inmiddels wel begonnen aan zijn volgende chronometer, de H5. Maar in 1767 publiceert Nevil Maskelyne de eerste Nautische Almanak voor de Maansafstanden. Dat deze Maansafstanden wiskundig zeer complex zijn en daardoor vaak niet binnen het kennisbereik van de gewone zeeman is en dat de maan en de horizon 's nachts lang niet altijd te zien zijn en dat de waarneming zelf lastig is en dat het aflezen van de tijd in Greenwich vanaf een chronometer veel gemakkelijker is, telt allemaal niet voor de Lengtegraad Commissie. Voor hen is het probleem van de lengtegraad op zee na 92 jaar (1675-1767) dankzij de maansafstanden opgelost. De Harrison's met hun mechanische uurwerk zijn irrelevant geworden.

Daarom neemt William een rigoureuze stap. Hij vraagt audiëntie aan bij Koning George-3 (1738–1820) voor bemiddeling. De Koning heeft een

Het privé-observatorium van Koning George III in Richmond.

Op Nova Zembla teruggevonden Barentsz-uurwerk.

*Midden:*
De H4 lost het lengteprobleem op zee 'simpel' op; John Harrison levert met zijn H4 chronometer één van de grootste bijdragen aan de veiligheid van de vaart op zee.

actieve interesse in wetenschap en astronomie en volgt de competitie tussen de astronomen en John Harrison al jaren. De Koning besluit daarom de H5 zelf te gaan testen in zijn privé-observatorium in Richmond Park (12 km westelijk van Londen). Dit vindt plaats tussen mei en juli 1772. Aanvankelijk verloopt deze 'Koninklijke test' rampzalig. De H5 loopt zeer onregelmatig. Maar dan blijkt dat er zware magneten opgeborgen liggen in de lade onder de tafel waar de H5 (met veel metalen onderdelen) op getest wordt. Na verwijderen van deze magneten doet de H5 het prima. In 10 weken is er maar een afwijking van 1/3 seconde per dag. De Koning is overtuigd van de kwaliteit van de H5 als tijdmeter en adviseert de Commissie om Harrison zijn rechtmatige beloning toe te kennen. De Commissie houdt echter voet bij stuk en weigert. De twee extra klokken moeten eerst klaar.

### Erkenning
Maar dan komt er een doorbraak. Op voorspraak van de Koning besluit het Engelse Parlement de Lengtegraad Commissie te passeren. Op 21 juni 1773 ontvangt John Harrison van het Parlement het resterende prijzengeld. Eindelijk erkenning! Hij kan nog drie jaar genieten van zijn succes. Op 24 maart 1776 overlijdt John Harrison. Hij is dan 83 jaar en heeft na bijna 40 jaar voortschrijdend inzicht bewezen dat het technisch mogelijk is een betrouwbare chronometer voor gebruik op zee te maken. Nu kan naast de scheepsbreedte ook de scheepslengte 'gemakkelijk' bepaald worden zodat de positie van de boot op zee dagelijks bekend is. Een prestatie met een enorme betekenis voor de veiligheid van de vaart op zee. In Westminster Abbey in Londen herinnert een gedenktegel met een bimetaal op lengtegraad 000° 07' 35'' W aan John 'Longitude' Harrison.

### Replica's van de H4
De originele H1, H2, H3 en H4 zijn tegenwoordig te bezichtigen in het Astronomisch Observatorium in Greenwich. Er is één replica van de H4 gemaakt door de Engelse klokkenmaker Derek Pratt (1938-2009) tezamen met de firma Charles Frodsham in Londen. In 2014 was deze klaar. Maar er is goed nieuws.
Koos Westra en Anno Rekers, beiden werkzaam geweest bij Philips in Drachten, zijn na hun pensionering in 2002 begonnen met het bouwen van bijzondere uurwerken. Het eerste uurwerk betrof een replica van het uurwerk dat Willem Barentsz op zijn derde expeditie naar Nova Zembla (1596-'97) had meegenomen. Dit totaal verroeste uurwerk is in 1871 door de Noorse kapitein Kurt Carlsen teruggevonden bij de resten van het Behouden Huys op Nova Zembla en nu te bezichtigen in Het Rijksmuseum. Deze replica was klaar in 2003 en hangt nu in de Barentsz expositie van 'Museum Het Behouden Huys' op Terschelling.

Gedenksteen in de Westminster Abbey, heel toepasselijk geplaatst naast het graf van zijn klokkenvriend van het eerste uur George Graham.

Replica van het Barentsz uurwerk.

John Harrison en zijn H4 zeehorloge    61

### Nederlandse replica van de H4

Eind 2015 werd gedacht aan een laatste uitdaging. Het moest een kleiner uurwerk worden dan voorgaande klokken. Het beroemde uurwerk H4 van John Harrison kwam toen ter sprake. Na bestudering van alle bestaande informatie over dit uurwerk is besloten om eerst prototypes te maken van de meest kritische onderdelen om te kunnen beoordelen of dit een haalbare kaart was.

Eén van die meest kritische onderdelen waren de beide lepels van de lepelspil. Harrison had deze 'lepels' van bol geslepen diamanten gemaakt met afmetingen van 1x2x0,5mm. Tot nu toe is men er nog steeds niet zeker van hoe Harrison dit destijds gemaakt heeft. Deze diamanten lepeltjes moesten nog in minuscule houdertjes gemonteerd worden en vervolgens vastgezet op de spil/balans-as. Lepels gemaakt van diamant was voor ons geen optie. Daarom zijn beide lepels nu uit vol-hardmetaal geslepen en de twee stalen houdertjes met een draadvonkmachine gemaakt. Ten slotte is alles op de balans-as gemonteerd.

Toen duidelijk werd dat dit kritische onderdeel maakbaar was, is besloten om verder te gaan (begin 2016). Van het British Horological Institute zijn kopieën van originele tekeningen van de H4 van Harrison zoals beschreven in *'The principles of Mr. Harrison's Time-keeper with plates of te same'* ontvangen. Tevens is gebruik gemaakt van de beschrijving en film van het maken van de replica van Derek Pratt en de firma Frodsham.

Van alle onderdelen zijn CAD-tekeningen gemaakt en later ook nog 3-D tekeningen. Vervolgens zijn van alle onderdelen eerst prototypes gemaakt om te kunnen beoordelen hoe ze werken. Inmiddels is meer dan 6 jaar gewerkt aan de voltooiing van dit zeer complexe uurwerk of beter gezegd een 'groot horloge'.

**Links:** Wijzerplaat H-4
**Midden:** Bovenaanzicht replica
(zie ook 3-D beneden)
**Rechts:** Onderaanzicht replica (zie ook 3-D op pagina 63)

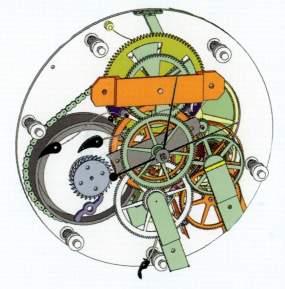

3-D bovenaanzicht van het wijzerwerk met ingekleurd doorzicht

Stalen houdertje met hardmetalen lepel

Koos Westra (links) en Anno Rekers (rechts).

# Tijdmeters over de eeuwen

### Oudheid
**Waterklokken, kaarsklokken** met tijdaanduiding

### 1514
**Johan Werner** stelt als eerste voor de maan te gebruiken als hemelse klok om daarmee het tijdverschil tussen de boot en de thuishaven te vinden; de 'Maansafstanden' (1514) *(zie ook Scheepshistorie 29, p. 118 – 128).*

### 1583
**Galileo Galilei** ontdekt de slingerwetten)
- gewicht en amplitude van de slinger is niet van invloed op slingertijd;
- lengte van de slinger is wel van invloed op de slingertijd.

### 1759
**John Harrison** voltooit na bijna 40 jaar onderzoek in 1759 zijn eerste 'practical and useful' mechanische chronometer, de beroemde H4. Dit is een kantelmoment in de navigatie.

**Zandlopers** allerlei toepassingen zoals de duur van de wacht aan boord e.d.; gebruikt op zeilschepen tot diep in de 19e eeuw.

**Zonnewijzers** tijdmeters door middel van de schaduw van de zon (< 18-e eeuw); deze tijdaanwijzing werkt alleen overdag als de zon schijnt.

### 14e eeuw
**Mechanische klokken** in de 14e eeuw verschijnen de eerste enorme klokken, vooral bij kerken, eerst als geluidsklok en later met een uurwijzer.

### 1530
**Gemma Frisius** denkt meer aan een mechanisch horloge om het tijdverschil tussen de boot en de thuishaven te meten en dit tijdverschil dan om te werken naar een lengteverschil.

### 1656
**Christaan Huygens** verwerkt deze slingerwetten in zijn zeer nauwkeurige slingerklok, niet te gebruiken op een slingerende boot maar wel in Astronomisch Observatorium onder andere in Greenwich. Huygens is ook de uitvinder van de veerbalans.

# John Harrison en zijn H4 zeehorloge

### 1767

**'Massaproductie' van navigatie-chronometers**
(> 1770): Larcum Kendall, John Arnold en Thomas Earnshaw en volgende generaties klokkenmakers vereenvoudigen de scheepschronometer met behoud van precisie waardoor 'massaproductie' mogelijk wordt en deze rond 1850 binnen het financiële bereik van de gewone navigator komt.

### 1927

**Kwartsklok**
elektrisch aangestuurde nauwkeurige temperatuur-ongevoelige tijdmeter dankzij een kwartskristal-oscillator (1927). In 1969 maakt Seiko het eerste draagbare kwartshorloge.

**Nevil Maskelyne**
tabelleert de Maansafstanden in zijn Nautische Almanak waarmee de navigator op zee zijn scheeplengte kan bepalen. De eerste editie verschijnt in 1767, eveneens een kantelmoment want opeens zijn er twee oplossingen voor het Lengtegraad-probleem.

**Guglielmo Marconi**
uitvinder van de draadloze telegrafie waarmee met tijdseinen, verzonden via de radio de scheepschronometer dagelijks gekalibreerd kan worden, De complexe Maansafstanden raken nu obsoleet.

### 1897

### 1767

**Atoomklok**
een kwartsoscillator genereert elektromagnetische straling van een constante frequentie uit een cesium-atoom of zoiets. Extreem nauwkeurige tijdsmeter onder meer toegepast in GPS.

### 1955

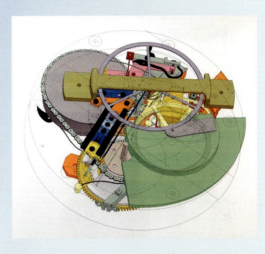

3-D onderaanzicht met balans (onder beugel) en veerton (donker grijs) goed in zicht

Het uurwerk loopt en is nu klaar (februari 2022) voor testen en afstelling. De wijzerplaat en de kast voor het uurwerk worden later gemaakt.

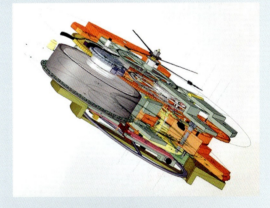

3-D zijaanzicht uit andere hoek.

#### Bronnen en meer lezen
- *Lengtegraad*; Dava Sobel.
- *The Illustrated Longitude*; Dava Sobel, & William J.H. Andrewes.
- *The quest for Longitude*; William J.H. Andrewes.
- *Verhaal van de tijd*; Adam Hart-Davis.
- *Een korte geschiedenis van de ontwikkeling van de scheepschronometer*; Gudde en Meis, Antieke klokken, Harrison 4.
- *Harrison*; Jonathan Betts, National Maritime Museum.
- *Greenwich Time and the Longitude*, Derek House.
- *Longitude*; BBC-film op DVD-video of Youtube (205 min, aanrader).
- *The Marine chronometer*; Rupert T. Gould.
- *Derek Pratt FBHI Watchmaker*; British Horological Institute.
- *Principles and Explanations of Timekeepers* by Harrison, Arnold and Earnshaw; BHI.

*Rein de Lange*

# Afschaffen van de oorlam

Afschaffing van de dagelijkse oorlam aan boord van schepen van de Nederlandse Koninklijke Zeemacht tussen 1815 en 1905.

*In de zeventiende eeuw werd de verstrekking van sterke drank een vertrouwd beeld op de Nederlandse vissers-, admiraliteit- en koopvaardijschepen. Rond het middaguur werd dagelijks een glaasje alcohol aan de bemanning uitgedeeld. In 1815 werd de traditie overgenomen op de schepen van de Koninklijke Nederlandse Zeemacht. De sterke drank, aangeduid als 'oorlam', was een welkome afwisseling in het zware en vaak eentonige bestaan van de matrozen. Gedurende de negentiende eeuw kwam er een matigingsbeweging onder de gegoede burgerklasse op gang met als doel de consumptie van alcohol te ontmoedigen. Dit gedachtengoed kreeg langzaam maar zeker grip op het denken bij de Koninklijke Marine en de overheid. Uiteindelijk zou dit resulteren in de afschaffing van de dagelijkse oorlam in 1905. In deze bijdrage wordt verslag gedaan van de wijze waarop het proces verliep dat tot afschaffing leidde van de tussen 1815 en 1905 verstrekte oorlam.*

Tinnen bekertje, ook wel oorlam of wippertje genoemd.
Van Wikimedia Commons.
(https://commons.wikimedia.org)

### Ontstaan van een gewoonte

Dagelijks een glaasje sterke drank was noodzakelijk. Bij matig gebruik, zo was de algemene opvatting, zou het nuttigen van alcohol aan boord goed zijn voor de gezondheid. Vaak was het drinkwater slecht van smaak of ronduit bedorven zodat alcoholische dranken een veiliger alternatief waren om het noodzakelijke vocht binnen te krijgen. Op admiraliteitschepen was de aanbeveling om per maand twee stoop brandewijn mee te nemen voor elke 100 mensen aan boord. Eén stoop bedroeg meestal 2,4 liter. De brandewijn werd aangelengd met water om daarna uitgeschonken te worden aan de matrozen. In een resolutie van de Verenigde Oost-Indische Compagnie (VOC) uit 1760 werd het dagelijkse rantsoen sterke drank voor de manschappen van 'twee soopjes op een half mutsche' gesteld. De hoeveelheid werd daarmee verhoogd en gestandaardiseerd van twee slokjes naar 0,15 liter. Op de schepen van de VOC was zelfs een speciale brandewijnbalie aanwezig waar de oorlam werd uitgedeeld. Na het wegvallen van de VOC en de admiraliteiten werd de Koninklijke Nederlandse Zeemacht vanaf 1815 verantwoordelijk voor het verdedigen van de Nederlandse kust en de koloniën. De traditie van het uitgeven van een dagelijkse oorlam aan de bemanning werd overgenomen op de Nederlandse marineschepen.

### Etymologie

Het woord oorlam is een verbastering van het Maleisische Orang Lama. Dit betekent: iemand die ergens lang geweest is. Met Orang Lama wordt tevens bedoeld een ervaren matroos (oudgast) of ook wel oorlogsmatroos. De oudgasten stonden er bekend om dat ze wel een borrel lustten. Zodra zij weer terug waren in het vaderland vielen ze op door hun uitbundige drinkgedrag.

Vandaag de dag heeft oorlam de betekenis van een rantsoen jenever, aangelengd met water, dat op vaste tijden aan matrozen werd uitgedeeld. Dat het woord oorlam al in de achttiende eeuw gangbaar was onder het varensvolk, blijkt uit een zeemanslied van omstreeks 1775:

> Laat Janmaat spreken:
> Hy schaft ook vasten kost,
> En, week aan weken,
> Staat alles op zijn' post.
> Hy heeft een' prompten kok,
> En lust een stevig brok;
> En, 'k mag het niet verzwygen,
> Een oorlam aan de klok
> Kunt gy ook krygen.

### De Nederlandse Koninklijke Zeemacht

Vanaf 1815 waren de marineschepen en hun bemanningen met enige regelmaat jarenlang in Nederlands-Indië gestationeerd. Tijdens deze reizen werd de traditie van de dagelijkse uitgifte van de oorlam, voornamelijk nog bestaand uit jenever, verder verstevigd. Op uitzonderlijke momenten zoals een storm of feest, werd regelmatig nog een extra oorlam verstrekt. De jenever werd verder gebruikt als medicijn om een zieke of zwakke matroos weer snel op de been te helpen. In de tropen hielp het ook om de bittere smaak van kinine weg te spoelen. Een enkele keer besloot de commandant zelf om gedurende de gehele reis de bemanning twee keer per dag een oorlam te verstrekken: de eerste bij het ontbijt en de tweede rond het middagmaal. De oorlam werd tevens ingezet om matrozen aan te moedigen extra taken op zich te nemen. Een mooi voorbeeld hiervan is door het moment waarop onderweg naar Celebes op het ramtorenschip *Prins Hendrik der Nederlanden* een rattenplaag uitbrak. Om van het ongedierte verlost te worden, werd er per gevangen rat een extra oorlam verstrekt. Helaas was het jenevervaatje leeg voordat men zich aan boord van alle ratten had kunnen ontdoen. Het geïnstitutionaliseerde alcoholgebruik had nog een andere uitwerking: drinken werd een bewijs van mannelijkheid. Jonge mannen, en zeker die bij de marine zaten, waren en zijn vaak gevoelig voor een stoer imago.

### Anti-alcohollobby

Eentonigheid en drank gaan vaak niet goed samen. Het drankmisbruik liep dan ook de spuigaten uit op de marineschepen. De matrozen ervoeren de dienst in Nederlands-Indië meer als gevangenschap dan een avontuur. Nergens was afleiding en het werk was saai en eentonig. Verder was er constant een chronisch tekort aan bekwaam varensvolk. De kwaliteit van hen die zich wél aanmeldden was vaak onder de maat.

De Nederlandsche Giftboom. Waarschuwing tegen drankmisbruik, 1867-1868, anoniem, naar George Cruikshank, 1867 – 1868.
Collectie Rijksmuseum Amsterdam. Obj. Nr. RP-P-1962-352

De 'Nederlandsche Giftboom' was de drankbestrijdingspreuk van 1868. Onder een boom samengesteld uit drankvaten en groene slangen vangen allerlei verschillende personen de gifdrank op in hun glas. De derde persoon staand van rechts is een matroos. Op de voorgrond liggen slachtoffers dronken of dood op de grond. Op de achtergrond een grote lachende duivel met het opschrift 'Sterke drank / Volks kanker'.

Velen van deze jongens kwamen uit kringen waar het alcoholgebruik hoog lag. Terwijl op de marineschepen de oorlamtraditie een vaste plaats in de dagelijkse routine had verworven, kwam op de vaste wal een anti-alcoholbeweging op gang. Het burgerlijk beschavingsoffensief kreeg zijn aanvang aan het einde van de achttiende eeuw met als doel om de lagere klassen te 'beschaven'.

Onder andere de *Maatschappij tot Nut van 't Algemeen* richtte zich al rond 1800 tegen het zogenaamde 'morgenslokje'. Gedurende de loop van de negentiende eeuw hield de overheid zich nog lange tijd afzijdig van het sociale vraagstuk. Nadat de economische situatie aan het eind van de eeuw steeds meer verbeterde, ging de beter gesitueerde arbeidersklasse zich meer en meer afzetten tegen openbare dronkenschap. Daarnaast waren er allerlei verenigingen voor drankbestrijding op humanistische, communistische, liberale, christelijke (katholieke) grondslag. Al die verenigingen samen hadden rond de eeuwwisseling van de negentiende naar de twintigste eeuw zeker zo'n 20.000 leden.

### Voorzichtige maatregelen
De invloed van de anti-alcoholgroeperingen op de zeemacht bleef beperkt. De marinetop was ook niet gediend met bemoeienissen van buitenaf. Toch was men niet geheel ongevoelig voor de lobby. Ook binnen de marine werd men zich ervan bewust dat er wat moest veranderen. Het leven aan boord moest humaner en beschaafder worden. In reactie op de bezwaren tegen het dagelijks verstrekken van sterke drank aan boord, begon de marine in 1846 een proef. Twee schepen werden uitgekozen om de dagelijkse oorlam in hoeveelheid te halveren. In plaats van tien vingerhoeden werd het gratis uitgedeelde drankje naar vijf vingerhoeden teruggebracht. Dit werd gecompenseerd door het uitdelen van koffie met suiker aan de matrozen. Het korvet *Argo* ving met de proef aan tijdens de reis van Den Helder naar Batavia. Daarnaast was de brik *Merkuur* uitgekozen om mee te doen aan deze proef. Dit schip voer naar West-Indië. Beide bemanningen waren goed te spreken over het gedeeltelijk vervangen van de sterke drank door koffie met suiker. Ook de gezondheidsofficieren waren ervan overtuigd dat wanneer de matrozen voor koffie of thee konden kiezen, velen een tweede teug oorlam of jenever zouden laten schieten. Het gewoontewijs drinken van sterke drank zou dan vanzelf sterk verminderen. Het zou echter nog vijf decennia duren voordat er drastischer maatregelen werden genomen.

### Politieke aarzeling
Bij de verantwoording aan de Tweede Kamer van de Drankwet van 1881, gaven de minister van justitie Modderman en de minister van binnenlandse zaken Six aan dat bij de zeemacht het alcoholmisbruik minimaal was. Dit kwam volgens hen omdat er strenge straffen werden toegepast als er sprake was van drankmisbruik. Verder werd aan een bemanning die in de haven lag geen dagelijkse oorlam meer verstrekt. Dit werd alleen op zee gedaan en dan ook nog maximaal 0,05 liter als dagelijks rantsoen aan schepelingen vanaf de leeftijd van twintig jaar. Deze maatregelen waren volgens de ministers ruim voldoende om drankmisbruik tegen te gaan. Een volledige drooglegging op de marineschepen zagen ze niet zitten omdat: onder sommige omstandigheden de verstrekking van een geringe hoeveelheid op de belangen van de dienst in zee een gunstige invloed uitoefent. De minister van Marine Kip was niet direct betrokken geweest bij de invoering van de Drankwet van 1881. De Antirevolutionaire Partij (ARP) die weliswaar ingestemd had met de Drankwet, gaf aan dat levenstucht geen regeringszaak was. Met andere woorden: de verantwoordelijk lag bij de matrozen zelf hoe zij omgingen met de uitgifte van sterke drank. Deze mening is enigszins dubbel aangezien de partij in haar Program van Beginselen als speerpunt had opgenomen om zich

Ramtorenschip (pantserschip) Zr.Ms. *Prins Hendrik der Nederlanden* (1867-1900). De reling is neergeklapt om het geschut vrij schootsveld te geven.
Collectie Nederlands Instituut voor Militaire Historie. Obj. Nr. 2158_010658

### Aangeschoten
Algemeen wordt aangenomen is dat de term 'aangeschoten' uit jagerskringen komt. Dat zou inderdaad kunnen maar een andere verklaring is dat de term uit de scheepvaart komt. Schoot is een term die nog steeds gebruikt wordt in de zeilvaart. Het is de naam voor de lijn waarmee de stand van een zeil ten opzichte van de boot geregeld kan worden. Bij de VOC was de term 'schoot-an' of 'schootaan' een veel gehoorde kreet. Letterlijk betekende dit een borreltje halen, oftewel een oorlam. Zodra je teveel oorlam ophad, was je 'aangeschoten'.

sterk te maken tegen drankmisbruik. In 1867 werd er in de Militaire Spectator door een oud-officier zelfs nog gesuggereerd dat vanwege de halvering van de hoeveelheid oorlam op zee en het verbod van uitgifte als het schip aangemeerd lag, menig geschikt zeeman de dienst vaarwel had gezegd.

### Trage kentering

Gedurende de laatste decennia van de negentiende eeuw kwam er langzaam een kentering in de mening over het dagelijks, van rijkswege uitgeven van de oorlam. In de zitting van de Tweede Kamer op 15 december 1887 gaf het kamerlid Gildemeester aan dat de jongeren op de vloot vaak onder groepsdruk waren begonnen met drinken. Bij de leeftijd van twintig jaar waren het echter volgens hem nog steeds jongens. Dat de staat ongevraagd en kosteloos elke dag sterke drank aan hen aanbood, was in zijn ogen geen wenselijke situatie. Het enige wat dit voorbracht waren volgens hem dronkaards. Er waren echter nog steeds tegengeluiden. Zo reageerde Schimmelpenninck van der Oye daarop dat sinds enkele jaren de hoeveelheid drank al was gehalveerd. Verder waren er volgens hem altijd nog omstandigheden, bijvoorbeeld bij slecht weer of bij vermoeidheid, dat het geven van een oorlam zuiverend kan werken en geen kwaad kon. *De ouderwetsche vaderlandsche oorlam moet gehandhaafd worden.*

### Knipkaart

In 1899 kregen de matrozen van enkele schepen als proef een knipkaart toebedeeld waarmee ze elke keer dat ze geen oorlam namen, een knipje kregen. Voor elk knipje kreeg de matroos een vergoeding van drie cent en later zelfs vijf cent. De verenigingen die voor het afschaffen van verstrekking van sterke drank waren, rekenden er echter op dat er de keuze tussen geld of hun dagelijkse oorlam de matrozen vrijwillig zouden kiezen voor het geld. Er was echter maar een kleine groep van gemiddeld acht à tien procent van de matrozen die gebruikmaakte van deze regeling. Degenen die voor het geld gingen, gebruikten dit regelmatig om jenever aan de wal te kopen. Vanuit de matrozen zelf was er weinig enthousiasme om af te zien van de drank. Er werd nog wel een poging gedaan om een anti-alcoholvereniging op te richten onder de matrozen, maar deze bleef zeer klein qua ledenaantal en kreeg bovendien geen koninklijke goedkeuring. Vanaf 1902 verschenen er wel enkele artikelen in het blad van de matrozenvakbond over drankbestrijding. Aan boord bleef echter een vaste kern van matrozen die het drinken zag als sociaal groepsgebeuren en niet van plan was om de consumptie te verminderen.

Tinnen beker met vlakke bodem en een conisch rond lichaam met diverse ringen op het lichaam. afmetingen (cm) hg 8,5 / dm 7,5
Collectie Museum Rotterdam. Obj. Nr. 2791

*Links*: Beker op standring met holle voet, trechtervormig lichaam of wel concave wand met smal opstaand randje. Profiellijst tussen voet en lichaam, twee banden in de vorm van regendruppels in geslagen op de hals van het lichaam. Collectie Museum Rotterdam. Obj. Nr. 3658

---

### Van een wonderlijken tapper

Op een dag werd er geen oorlam verstrekt als strafmaatregel. Een matroos, die kon toveren, vroeg aan de kapitein of hij de matrozen iets te drinken mocht geven zonder in de kombuis te komen. De kapitein stond dit toe. De matroos draaide een kraantje in de mast en tapet voor iedere matroos wat hij wilde drinken (bittertje, brandewijn). Na een lange tijd op zee kreeg de betreffende matroos het benauwd. Op zijn verzoek liet men de valreep zakken. De matroos stapte van boord en wandelde over het water. Vanaf het doorvarende schip zag men de matroos steeds dieper in het water zinken. Men nam aan dat hij verdronken was.

**Bron**
G.J. Boekenoogen 'Nederlandse sprookjes en vertelsels' in: Volkskunde 19 (1907-1908), p. 157

---

### Afschaffing van de oorlam

In 1903 werd er door het hoofdbestuur van de Volksbond, een vereniging tegen drankmisbruik, een commissie benoemd om te onderzoeken of het wenselijk was om het verstrekken van sterke drank volledig te verbieden. De commissie kwam tot de conclusie dat het bij de marine niet op het pad van de Volksbond was om hierover een uitspraak te doen. Verder gaf de commissie wel als advies om de dagelijkse oorlam te vervangen

Matrozen van de Engelse Royal Navy ontvangen hun dagelijkse rumrantsoen aan boord van HMS *Royal Oak* 1916.
Van Wikimedia Commons. (https://commons.wikimedia.org)

*Rechts:*
Varende ouderdag op een schip van de Koninklijke Marine rond 1980. De matrozen nemen een flesje bier ter ontspanning.
Collectie Nederlands Instituut voor Militaire Historie. Obj. Nr. 2097_007-008-003

Reclame voor het merk 'Oorlam' door de fabrikant P.C. Lensselink & Co Amsterdam.
Collectie Maritiem Museum Rotterdam. Obj.nr. P4069

door een compensatie in geld. Degenen die voor de compensatie gingen, hoefden niet baksgewijs aan te treden als het oorlam werd uitgedeeld. Al kon de Volksbond geen vuist maken, de afschaffing van de oorlam kwam langzamerhand wel in zicht.
Enkele Kamerleden pleitten voor het geleidelijk afschaffen van het verstrekken van sterke drank bij de marine. Er werd gevraagd om naar een alternatief genotsmiddel te zoeken. Er waren echter ook Kamerleden die nog steeds huiverig bleven omtrent het verbieden van sterke drank. De vrees was dat er een onaangename sfeer aan boord zou ontstaan. Een eventuele compensatie werd door de minister Ellis als te duur gezien. *Het oorlam is geen recht, maar een gunst*, zei hij. Vanaf begin 1904 kwam er een nieuw reglement op de victualiedienst in werking. In de bepalingen stond dat in Nederland alleen nog maar een oorlam werd verstrekt bij buitengewone omstandigheden en bij bijzondere gelegenheden.

Op zee werd nog wel dagelijks een rantsoen van 0,05 liter toegewezen voor iedereen vanaf twintig jaar. Wie geen gebruik wenste te maken van de verstrekte jenever ontving nu standaard een geldelijke vergoeding. Niet lang daarna zou de volgende stap plaatsvinden. Vanaf 1 april 1905 werd het reglement namelijk verder aangescherpt. Er werd alleen nog maar tot verstrekking van een oorlam overgegaan indien de commandant daartoe een reden zag. Verder kon de officier van gezondheid naar eigen inzicht tot uitdeling overgaan. Hiermee was een eind gekomen aan de van rijkswege, dagelijkse uitgifte van de oorlam. De oud-zeeofficier en christen-drankbestrijder C.W.F. baron Mackay was zeer tevreden met deze uitkomst. Hij stelde:
*… zodat het officieel verstrekken van jenever aan boord van Hr.Ms. oorlogsschepen tot het verleden behoort!*

### Conclusie
Gedurende de negentiende eeuw werd vanuit maatschappelijke organisaties gewezen op de ellende die het nuttigen van sterke drank met zich meebracht. Hoewel in eerste instantie de top van de marine niet direct overtuigd was, bewoog men een klein beetje mee in het terugdringen van de dagelijkse verstrekking van sterke drank. De leeftijd werd verhoogd naar twintig jaar en de hoeveelheid werd gehalveerd. De officieren mochten echter naar eigen inzicht altijd een extra oorlam laten uitdelen. Dit werd dan ook regelmatig gedaan zodat de extra maatregelen lange tijd weinig zoden aan de dijk hebben gezet. De matrozen kwamen vaak uit een milieu waar het drankgebruik hoog lag. De overheid was er niet van overtuigd dat sterke drank moest worden afgeschaft op de schepen, zodat er decennia lang niet werd overgegaan op een sterker ontmoedigingsbeleid.

## PAK NOG EEN OORLAM.
Muziek voor Zang en Piano 50 cent.

Een matroos is thuis waar hij vaart,
Wij zijn niet eenkennig van aard.
Waar het anker haakt in den plas
Daar zwieren wij rond en drinken een glas.

Refrein:

Pak nog een oorlam en zingt nog een lied!
Hoedeldé! Hoedeldé! Hoedeldé!
Want echte zeelieden piekeren niet!
Hoedeldé! Hoedeldé! Hoedeldé!
En als wij straks weer gaan varen op zee,
Dan nemen wij de harmonica mee.
Pak nog een oorlam en zing er een lied!
Hoedeldé! Hoedeldé! Hoedeldé!

In de Oost, de West en de Zuid
Tatoueeren wij onze huid!
Souvenirs in iedere taal
Staan op onze borst in 't fotojournaal.
En de haaien krijgen ons niet,
En de apen lusten ons niet,
Maar de meisjes mogen ons graag.
Kom jongens, ahoy! we varen vandaag!

Tekst van het lied 'Pak nog een oorlam'.
Collectie Meertens instituut. Obj.nr. Lbl Meertens 40301; p2, nummer 14

De opvatting heerste dat het scheepsvolk van de marine de drank nodig had om hun werk naar behoren uit te voeren. Ondanks de geslaagde proeven die werden uitgevoerd op de *Argo* en de *Merkuur*, bleef de oorlam dagelijks in de kelen van het scheepsvolk verdwijnen. Bij het voeren van de discussie werd aan de matrozen zelf niets gevraagd. Slechts een klein percentage stopte daadwerkelijk met het ophalen van hun dagelijkse oorlam. Het geld dat zij ervoor kregen werd echter vaak weer omgezet in drank die ze aan wal kochten. Een anti-alcoholvereniging die was opgezet door marinematrozen bleef klein en zonder invloed. Pas aan het begin van de twintigste eeuw kwam er toch nog abrupt een einde aan deze traditie op marineschepen. Uiteindelijk werd de dagelijkse verstrekking van de oorlam afgeschaft per 1 april 1905. Dat de afschaffing slechts als een symbolische daad kan worden gezien en niet als een effectieve maatregel, blijkt uit het feit dat er tegenwoordig nog steeds een discussie plaatsvindt over het wel of niet verstrekken van alcohol aan boord van marineschepen. De strijd om alcoholmisbruik tegen te gaan, is nog steeds niet gestreden.

### Literatuur en bronnen

- Allard C., *Nieuwe Hollandse scheepsbouw vertoonende een volmaakt schip* (Amsterdam, 1705)
- Anoniem, *Drank en deining. Scheepsdranken toen en nu* (Almere, 1981)
- Anoniem, *'t Morgenslokjen, een gemeenzaam buurpraatjen tussen Dieuwertjen en Grietjen en eenige andere persoonen* (Haarlem, 1804)
- Anoniem, *ARP Beginselprogramma 1878* (Utrecht, 1897)
- Bakker N., Noordman J. en Rietveld-van Wingerden M., *Vijf eeuwen opvoeden in Nederland: idee en praktijk, 1500-2000.* (Assen, 2010)
- Broeze F.J.A., Bruijn, J.R. en Gaastra, F.S. *Maritieme geschiedenis der Nederlanden* (Bussum, 1976)
- De Roo van Alderwerelt, *Maritieme beschouwingen,* Militaire Spectator 1 (1867)
- De Standaard van 22-02-1904
- De Telegraaf van 17-06-1904
- Definitieve marinebegrooting voor het dienstjaar 1903
- Haafner, J. *Reize in eenen palanquin, of Lotgevallen en merkwaardige aanteekeningen op eene reize langs de kusten Orixa en Choromandel* (Amsterdam, 1808)
- Haarlem's dagblad van 08-06-1903
- Mackay C.W.F., *De alcohol op onze vloot* (Utrecht, 1909)
- Heijster W.H.T., *Krijgsmacht en alcohol,* Militaire spectator 158 (1989)
- Huydecoper T.R.C. *Ernst en Liefde aan mijne landgenoten bij de oprigting eener Neederlandsche vereeniging tot afschaffing van Sterken drank.* (Amsterdam, 1846)
- Jolroeijer Q.N., *Zeemansliedje: Jan die sloeg Lijsje* (ca. 1775)
- Kappler A., *Zes jaren in Suriname. Schetsen en tafereelen uit het maatschappelijke en militaire leven in de Kolonie* (Utrecht, 1854)
- Lubach D. en Egeling L.J., *Schat der gezondheid* (Haarlem, 1859)
- Marine-begrooting voor het dienstjaar 1902. Memorie van antwoord
- Marineblad jrg 18 (1903)
- Meijer W.H., *Terugblik. Herinneringen van een sociaaldemocraat* (Amsterdam, 1981)
- Percille, L.F. *Handleiding tot de leer om de gezondheid te behouden* (Utrecht, 1851)
- Provinciale Overijsselsche en Zwolsche courant van 26-03-1903
- Savornin Lohman A.F. de, *Wat wil de Antirevolutionaire Partij?* (Utrecht, 1883)
- Schell J.A. *Uit de dagen van Tempo Doeloe bij onze Koninklijke Marine van 1872-1907* (Den Haag, 1930)
- Schoenmaker B., *Burgerzin en soldatengeest. De relatie tussen volk, leger en vloot 1832-1914* (Amsterdam, 2009)
- Van Dale, *Handwoordenboek hedendaags Nederlands* 2e druk (Utrecht/Antwerpen, 1996)

Maurice-Adrien Baudin, Calme sur L'Escaut, 1896, na restauratie.

*Marieke Burgers*

# Calme Baudin
## Speurtocht naar een maritieme schilder

*In september 2021 kreeg ik uit handen van mijn neef Herman Rottier een zeer fraai schilderij, dat jarenlang bij onze grootvader Hermanus Gradus Burgers in de huiskamer had gehangen. Mijn neef overhandigde me het schilderij als blijk van waardering voor de uitgave van het 'Vergeetboek – de Indische kampjaren van de familie Rottier-Burgers', een boek dat de lotgevallen van hem en zijn gezinsleden indringend beschrijft. Het olieverf op doek stelt een zeegezicht voor met enkele zeilschepen onder een wolkenhemel. Het was beschadigd en zonder lijst, maar in alle opzichten een werk van hoge kwaliteit en een voornaam en verrassend cadeau. Ik kreeg te horen dat het van de hand van de schilder Eugène Boudin was, het was bovendien linksonder gesigneerd en van een titel en datum voorzien.*

### Eerste vraagstuk: de titel van het doek

Met de naam van de schilder in het achterhoofd, kwam de eerste puzzel: wat was eigenlijk de titel, die gedeeltelijk onleesbaar was? Stond er D...me sur L' Escaut 96 of Cr..me? Was dit vreedzame tafereel eigenlijk een drama op L' Escaut of een misdaad, waargenomen in 1896?

Omdat het woord calme zowel rust, stilte als windstilte kán betekenen, is er dus sprake van een rustige, vrijwel windstille, dag op de Schelde.

### Tweede vraagstuk: de naam van de schilder

Ik ging aan de slag met de signatuur E. Boudin. Eugène Boudin (Honfleur 1824 – Deauville 1898) kwam uit een schippersfamilie en hij schilderde vaak in het noorden van België en in Nederland. Hij was een meester in het schilderen van luchten en werd door de schilder Corot 'Le Roi des Ciels' genoemd. Veel van zijn zeegezichten oftewel 'marines' en strandscènes, hangen in de grootste kunstmusea die (pre-)impressionisten in hun verzameling hebben. Eugène Boudin was uiterst productief; hij heeft meer dan 2100 werken op zijn naam staan en de prijzen voor zijn werken zijn exorbitant hoog.

**Rechts:**
Signatuur Eugène Boudin.

**Signatuur schilderij Baudin.**

Dat was even slikken. Het was wel spannend natuurlijk, als dat waar zou zijn, maar dat zou wel betekenen dat we vanwege dit schilderij een hogere verzekering zouden moeten afsluiten en ons huis extra beveiligen. Een andere vraag was, wanneer grootvader Burgers dit doek zou kunnen hebben aangeschaft als het een 'echte' Boudin was? De schilderijen van Boudin pakten in 1875, toen grootvader geboren werd, al flinke prijzen en in 1917 was mijn grootvader vrijwel failliet gegaan door de Russische Revolutie-krak van zijn Kaukasische spoorwegaandelen. Dus wanneer zou hij als familievader van een groot gezin ooit het geld hebben bezeten om zo'n duur schilderij aan te schaffen? Was het dan misschien een 'echte' doch niet gesigneerde Boudin, die een kunsthandelaar op gewiekste wijze een *upgrade* had gegeven door zelf de naam erop te schrijven? Zou grootvader het cadeau hebben gekregen bij zijn afscheid in Hulst, of Maastricht of bij zijn pensioen in Nijmegen? Ik had daar in mijn eerdere onderzoek naar het leven van Hermanus Gradus Burgers geen woord over gevonden, wel over bloemen en Delfts blauwe borden, evenals een oorkonde bij zijn benoeming tot Ridder,

**Rechts:**
Signatuur Eugène Benoît Boudin.

maar niets over een zeegezicht, laat staan van een beroemde schilder. Ik besloot Boudins signatuur nader te onderzoeken en keek honderden van zijn schilderijen door, vooral die van rond de jaren 1890. Op geen één van zijn schilderijen leek zijn signatuur op die van dit schilderij - at all. De 'dure' Eugène Boudin schrijft met wat ronde letters, in onderkast en schuin naar rechts. Zijn 'n' steekt zijn rechterpoot naar beneden, de hoofdletter 'B' heeft een kuifje. Dus… waarschijnlijk was er geen sprake van die Eugène Boudin.

Op zoek naar een andere Eugène Boudin dan. En stond er, bij nader inzien, eigenlijk niet Baudin, met één 'a'? Goed, het was zaak om verder zoeken. Eugène Benoît Baudin, met een a, was óók een Franse schilder, woonde in het zuiden van Frankrijk (Lyon 1843 - Lyon 1907), maar schilderde, naast een enkel zeegezicht, voornamelijk stillevens en maakte vazen van ceramiek in Jugendstil. Hij is ook bekend vanwege zijn textielontwerpen. Zijn kandidatuur als maker van dit werk zag er dus niet zó veelbelovend uit, er was vrijwel geen enkele band met Nederland, Zeeland of de Schelde, maar goed, als zijn signatuur nu wél klopte….
Die signatuur is in schuinschrift geschreven, helt naar rechts en toont een typische, gekrulde letter d die met een zwierig lusje met de i verbonden is.

Op dit betreffende schilderij staan echter alle letters in de naam Baudin in HOOFDLETTERS geschreven en de N eindigt met een extra lange rechterpoot naar bóven. Rara, waren het dus geen van beide Eugènes?

Het zoeken naar andere Baudins/Boudins; Jean, Antoine, Louis, leverde géén maritieme schilders op.

### Wie was het dan wel?

Vervolgens ging ik op zoek naar schilders die rond de vorige eeuwwisseling maritieme motieven hebben geschilderd in Zeeland en rond de Schelde. Dat werd een lange lijst van vooral Belgische en Franse namen, zoals Hippolyte Boulenger, Antoine Vollon, Louis Artan, en enkele Nederlanders zoals Hobbe Smith, J.C. Schotel en A.J Van Prooijen. Maar geen Baudin. Ik stond op het punt om een veilinghuis te vragen of ze deze signatuur herkenden, toen ik plots over de naam Maurice Baudin viel - negentiende eeuw stond erbij. Spoorslags heb ik zijn werk opgezocht en dat leek wél; een aantal zeegezichten had hij in elk geval op zijn naam staan.

En zijn handtekening dan? Aah, bingo! Geschreven in hoofdletters, schuin naar links leunend. *Enchantée de faire vôtre connaissance, monsieur Maurice Baudin!* Aangenaam kennis te maken! Over Maurice-Adrien Baudin zelf was in eerste instantie niet veel te vinden, behalve een enkel werk. De jaartallen voor zijn geboorte- en sterfjaar die voor hem overal worden gegeven namelijk 1843 - 1907, zijn identiek aan die van de veel bekendere Eugène Benoît Baudin. Die jaartallen zijn blijkbaar keer op keer kritiekloos overgenomen en kloppen dus niet. Dan maar eerst verder het motief van het schilderij nader bestuderen.

### Wat is er eigenlijk afgebeeld?

'Calme sur l'Escaut' toont een zeegezicht met in het midden twee houten zeilschepen onder een hoge hemel op een bijna windstille zomerdag. De twee schepen worden door roeiboten voorzien van hooi, dat rechts achter de loswal ligt. Op de achtergrond links nog twee zeilschepen, met in de verte een zeevaarder en een stadsgezicht met een stompe toren. Rechts zien we, achter de loswal met hooi, een baken en een loods achter een paalscherm. Vijf grote vogels, die met de zwarte einden aan hun vleugels op ooievaars of lepelaars lijken, vliegen in het luchtruim.

Alle vier de schepen zijn binnenvaartschepen van een tjalktype, waarvan er overigens veel verschillende soorten zijn. Tjalken waren bij uitstek geschikt voor kust- en binnenvaart en dus voor dit soort goederenvervoer. De tweemaster links is een hektjalk die in het Vlaams 'otter' wordt genoemd. De roeiboot rechts met twee mannen erin, één in een opvallend rode boezeroen of kiel, meert net aan voor de volgende lading, de andere roeiboot met drie mannen ligt voor het linker schip, dat reeds een hoge deklast hooi heeft, afgedekt met een zeil, waar een ladder tegenaan staat.

### Compositie en kleurgebruik

De horizon is gezet op éénderde van het schilderij en de lucht neemt tweederde in beslag. De blik van de toeschouwer wordt via de boei klassiek linksonder in de scène ingevoerd en dan langs de tuigage naar de hoogste mast om vervolgens de blik te geleiden naar het vervolg op de eerste lading; namelijk naar de man in de rode kiel. Vervolgens wordt de blik teruggeleid naar de hoofdscène in het midden.

**Links:**
Signatuur Maurice-Adrien Baudin.

De zigzag van de slaphangende zeilen legt nog eens de nadruk op het hoofdmotief, het overladen van schoven hooi. De roeiboot vooraan de tweemaster ligt centraal in beeld, met het ene lichtere zeil dat als een ruitvormige 'pijl' naar beneden wijst. De roeiboot wordt nog eens benadrukt door zijn lichtere kleur, het zonlicht erop en de weerspiegeling eronder, die het schuitje een visueel voetstuk geeft. De tweemaster, de roeiboot en het werk dat erop verricht wordt, staan dus centraal. Er zijn vele driehoeken en schuine lijnen die de

Opbouw van de compositie.

Piet Mondriaan, Vuurtoren bij Westkapelle-Domburg, inkt op papier, 1909.

**Rechts:**
Uitsnede kaart Zeeland.

hoofdscène in een piramidevorm inlijsten: dan zijn er nog de driehoeken van de zeilen van alle vier de zeilschepen, de tuigage, de schuin omhoogliggende roeispanen, het dak van de loods, de dwarsboom in de loswal. Ook de twee haaks op elkaar liggende schepen in het midden vormen samen met de roeiboot een driehoek. Baudin onderstreept de kalmte van het water met dunne horizontale streepjes; een contrast met de brede penseelstreken van de wattige wolken met hun ronde vormen. Sommige details lijken met een penseel met één haar geschilderd te zijn. De kleuren in het hele schilderije stijgen van beneden naar boven van donker naar licht: van de modderig bruine oever naar het groen-grijzige water, dat lichter wordt naar de horizon - zelfs verandert in een lichte streep onder de kim - en dan de lucht met wolken in lichtblauwe, grijze, crème en witte kleuren.
Baudin past ook het zogenaamde 'atmosferisch perspectief' toe, dat wil zeggen hij gebruikt blauwe, lichte tinten en vage vormen om diepte aan te geven.

### Waar is de voorstelling gesitueerd?
Omdat er sprake is van hooi, moet het hier om de maand juli gaan en de zon staat dan hoog aan de hemel. Gezien de lichtval en de korte schaduwen, zet Baudin de scène rond het middaguur en is de blik noordwaarts gericht.

Detail 'Calme' met stadsgezicht en toren in de verte.

Tussen de vier zeilschepen in, kunnen we in de verte, achter een zeeschip met masten en ra's, een skyline ontwaren, met enkele volumineuze gebouwen en iets wat lijkt op een stompe toren. En hoewel de kust van Zeeland talloze veranderingen heeft ondergaan door zowel bombardementen in de Tweede Wereldoorlog als door de watersnoodramp van 1953, zijn enkele *landmarks* nog hetzelfde.

Een van die landmarks is de vuurtoren 't Hoge Licht van Westkapelle, de oorspronkelijke toren van de St. Willibrorduskerk.

Omdat Baudin die toren daar aan de horizon plaatst, moet hij bij het maken van zijn schetsen en voorstudies, gestaan hebben op de noordkust van Zeeuws-Vlaanderen, bijvoorbeeld bij Nieuwesluis, ten noord-westen van Breskens, en richting Vlissingen hebben gekeken, met in het verschiet de vuurtoren 't Hoge Licht van Westkapelle-Domburg.

### Het nautische aspect
De twee zeilschepen links, zijn al diepgeladen, ze komen dus niet voor hooi. Ze lijken te wachten op wind in de zeilen en wanneer we weten dat de stroming in de Schelde sterk is, liggen die schepen daar wellicht om 'tij te stoppen' dat wil zeggen ze wachten op de kentering om met de stroom mee verder te kunnen varen. Voor de kop van het rechterschip heeft Baudin een rimpeling geschilderd, wat hier zou betekenen dat er een vloedstroom naar zee staat, wat - omdat het om de Schelde gaat - heftig stromend water betekent. Het is daarom geen realistische voorstelling dat de twee voorste zeilschepen, ook niet de twee links, zo haaks op elkaar voor anker zouden kunnen liggen. Nautisch gesproken, is de scene dus onwaarschijnlijk.

## De bestemming van het hooi

Je kunt je afvragen waarom er hooi over water wordt vervoerd? Is hooi niet gewoon voer voor het vee, de schapen, varkens en koeien die in de wei of op stal staan? Dus waarom zou men hooi over een rivier transporteren? Een antwoord hierop kan zijn, dat de schepen onderweg zijn naar een grote stad als Rotterdam, waar veel vervoer eind negentiende eeuw met paard en wagen geschiedde.

Het aantal functies waarvoor paarden na 1850 werd gebruikt, was bijna onuitputtelijk: paarden werden gebruikt als trek-en tuigpaard, voor wagens met vier wielen: zoals brouwerswagens, brandweerwagens, lijkwagens en woonwagens, voor landbouwmachines en in tredmolens, voor karren met twee wielen, zoals boerenkarren, vuilniskarren en mijnkarretjes. Ook in het personenvervoer werden paarden ingezet: als trekpaarden van koetsen, omnibussen, trams, trekschuiten-en sleeën. En dan is er nog de categorie van rijdier voor koeriers, bereden politie, cavaleristen en als vrijetijdsdier, in paardensport en jacht.

De behoefte aan hooi in een grote stad was dus enorm en de Zeeuwse eilanden konden genoeg leveren aan een naburige stad, zoals Rotterdam. Wat we hier dus zien, is een lading brandstof die voor de transportsector aangevoerd wordt, namelijk hooi voor de paarden in de stad, een soort 'olietanker avant la lettre' die 'volgetankt' wordt. De Schelde is de waterweg die de behoeften van de stad en de goederen van het land, verbindt.

## De Schelde als motief

Eeuwenlang heeft de Schelde, L'Escaut, een grote aantrekkingskracht uitgeoefend op schilders, tekenaars en aquarellisten. De combinatie van hemel, water, oevers, schepen in alle soorten en maten, mensen aan het werk, aan boord of op de kades, was onweerstaanbaar. Niet alleen Johan-Barthold Jongkind (1819-1891) heeft er sfeervolle aquarellen gemaakt, ook Georges Braque (1882-1963) heeft in zijn fauvistische periode twee zeer kleurige werken *Schepen op De Schelde* en *Rede van Antwerpen* vervaardigd. Zelfs Vincent van Gogh (1853-1890) schilderde op een late novemberdag in 1885 een sfeervol bruin-zwart kadetafereel met stoomslepers onder een rozige hemel.

## De romantische nostalgie van Baudin

Baudin schildert geen drama, zoals sommige schilders van de Romantiek, integendeel. Geen stormen of scheepswrakken, geen vuurtorens in de razende branding, of door de maan verlichte ijsschotsen, geen heftig wuivende schipbreukelingen op een vlot, of vissersschepen in nood op de woelige zee. Noch schildert hij sentimentele scènes met arme vissersvrouwen die blootsvoets netten boeten in de late avondzon of stoere vissers in zuidwesters die hun bomschepen uit de branding aan land trekken. Hij schildert geen 'extreme tijdstippen' van de dag, zoals zonsop- of -ondergang, maanlicht of mist, en ook geen nauwkeurige afbeeldingen van een bepaald schip of een specifieke gebeurtenis.

Evenmin schildert Maurice Baudin mondaine strandscenes met elegante dames die met hoedjes, parasols en crinolines in de zon flaneren, noch zet hij, gezeten in de frisse buitenlucht, met enkele rake penseelstreken de vluchtige indruk van wolken en zonneschijn op het doek, zoals de schilders van de School van Barbizon en de Impressionisten dat in 1872 introduceerden. Baudin schildert evenmin 'realistische' scenes, nautisch gezien klopt het immers niet wat hij ons voorspiegelt en de compositie is ook bijna wiskundig in balans gebracht. Hij zet daarentegen elementen samen die een bepaalde sfeer moeten oproepen in een geromantiseerde reconstructie.

Maurice-Adrien Baudin schildert in een nostalgisch-romantische stijl, die terugwijst naar het nationale verleden, met een idealiserend verlangen naar de landschappen en zeegezichten van vóór de Industriële Revolutie.

Vincent van Gogh, De kaai in Antwerpen, 1885, Collectie Haags Gemeentemuseum.

Salomon van Ruysdael, Rivierlandschap (met veerpont en eendenjacht), ca. 1640, Wikimedia commons.

Grootvader Hermanus Gradus Burgers was een ontwikkeld man, met gevoel voor kunst en cultuur; hier gefotografeerd aan de piano in 1929, 54 jaar oud. (Privéfoto)

### De Gouden Eeuw achterna

Baudin werkt in de traditie van de landschaps- en maritieme schilderkunst van de Gouden Eeuw, waar onder meer het afbeelden van visvangst en handel op zee, méér aandacht krijgt dan de zeeslagen van de eeuw daarvoor. In de Gouden Eeuw wordt ook de hoge horizon van de zestiende eeuw vervangen door een lager standpunt met zodoende meer nadruk op lucht en wolken. Sommige zeventiende-eeuwse kunstenaars specialiseren zich in rivierscènes met boten en rietoevers, zoals Salomon van Ruysdael (1600-1670), of Aelbert Cuyp (1620-1691) met oog voor de verschillende activiteiten op en langs het water.

Baudin zet - ongetwijfeld met behulp van tekeningen, olieverfschetsen en voorstudies nauwgezet alle elementen bijeen in een zorgvuldig opgebouwde compositie, die onze waardering voor dit rustgevende tafereel; de lucht, het water, de schepen en het werk, moet opwekken. Baudin schildert een ode aan het vruchtbare rivierenlandschap en de weldoende rivier de Schelde, die landsdelen en mensen verbindt, een lofprijzing van het ambacht van de schipper en de boer, die op een heldere, stille zomerdag samenwerken om ons, stadsmensen - en dus kopers van dit soort taferelen - van het benodigde te voorzien. Alles met toewijding, noeste arbeid en kundig vakmanschap uitgevoerd.

Hetzelfde vakmanschap dat Baudin met zijn oeuvre aan de dag heeft gelegd.

### Cultureel cadeau van een compagnon?

Dan kunnen we ons afvragen of Hermanus Gradus Burgers dit schilderij op een mooie zomerdag in de etalage van een kunsthandel heeft gezien, naar binnen is gelopen en het doek na enig onderhandelen heeft aangeschaft. Dat is natuurlijk mogelijk. Of zou hij dit doek naar aanleiding van een feestelijke gelegenheid of jubileum hebben gekregen? Ik neig naar de laatste interpretatie, hoewel ik daar geen enkel bewijs voor heb. Eerder had ik onderzoek gedaan naar het leven van mijn grootvader, bijeengebracht in een boek, getiteld 'Getekend & Geschetst H.G. Burgers 1875-1960'. Hermanus Gradus Burgers was directeur van de ambachtsscholen in respectievelijk Hulst, Maastricht en Nijmegen en had tevens de Ambachtsschool in Maastricht ontworpen, nu een Rijksmonument dat in 2021 overigens de interesse heeft gewekt van DSM, maar dat terzijde. Tijdens mijn research heb ik echter niets kunnen vinden over de overhandiging van een dergelijk cadeau van het dankbare personeel in de verschillende steden waar hij gewerkt heeft.
Maar stel nu eens dat grootvader het van een goede relatie heeft ontvangen, naar aanleiding van een geslaagde samenwerking?

Stel dat Hermanus Gradus Burgers dit schilderij heeft gekregen van zijn Belgische compagnon, de zeer productieve architect Louis Ernest Charels (Gent 1875 - Assebroek 1912) met wie hij de Ambachtsschool in Maastricht ontwierp. Een aantal argumenten spreekt vóór deze theorie.
Niet alleen kan de Schelde als een symbool gezien worden voor de samenvloeiing van al het goede dat Nederland en België verbindt, te vergelijken met de nauwe samenwerking tussen de Belgische en Nederlandse architect, ook de voorstelling past als een hand in een handschoen bij de smaak en de idealen van architect Burgers. Immers, met het ontwerp van de Ambachtsschool in 1911 greep hij terug naar het goede, ambachtelijke van de Hollandse renaissance. Bovendien zette hij, samen met zijn Belgische compagnon, een gebouw neer dat met diens ingemetselde spreuken als 'Arbeid Adelt', 'Rust Roest' en 'Bid en Werk', de deugden onderstreepte van hard werken en vlijtig zijn, idealen zoals die ook op het doek ten toon worden gespreid.

Bovendien was Louis Ernest Charels rond de opening van de Ambachtsschool ziek en kon daardoor niet bij de feestelijkheden aanwezig zijn. Het lijkt me daarom niet geheel onwaarschijnlijk dat Charels dit schilderij als dank vóór en ter herinnering aan de goede samenwerking aan Burgers stuurde. Charels stierf overigens een jaar later, in 1912. Vier punten dus in het voordeel van een cadeau van Charels: de Belgisch-Nederlandse symboliek, de verwijzing naar het glorieuze nationale verleden, de lofprijzing van het ambachtelijke en zijn afwezigheid bij de feestelijke opening.

Het is mooi om je voor te stellen dat mijn grootvader dit schilderij op een feestdag in zijn bezit kreeg, in het kader van een van de hoogtepunten in zijn carrière en na een vruchtbare samenwerking met een gelijkgezinde. Maar giswerk, dát blijft het.

Aelbert Cuyp, Gezicht op Dordrecht, ca. 1665, Cellectie Kenwood House.

**Andere werken van Maurice-Adrien Baudin**
Over Maurice-Adrien Baudin is weinig bekend. Hij staat niet vermeld in het Nederlandse lexicon van Pieter Scheen en ook niet in het Belgische lexicon van Paul Piron, noch heb ik hem kunnen vinden in de officiële museum-registers. Hij komt ook niet voor in de officiële lijsten van Franse of Belgische 'marineschilders', noch in de catalogus *Schilders van de Zee* (1984) van het Museum voor Schone Kunsten in Oostende. We weten dus niet of Baudin Frans of Belgisch was. Wél heb ik een tiental andere werken van zijn hand kunnen vinden, allemaal zeegezichten. Vier werken zijn identificeerbaar geschilderd in de buurt van Antwerpen, Vlissingen en Dordrecht en omdat op een vijfde, *Le Deux Mâts Au Mouillage*, wederom de toren van Westkapelle te zien is, kan ik in ieder geval vaststellen dat Baudin tussen 1890 en 1896 veel tijd doorbracht in de zuidelijke Nederlanden en vaak de Schelde schilderde.

Maurice Baudin, Hollands havengezicht, 1893, 44×61 cm.

Maurice Baudin, Le Deux Mâts au Mouillage. z.j. (Tweemaster voor anker)

Maurice Baudin, L'Escaut Pres d' Anvers, 1893, olieverf op doek, gesigneerd, gedateerd, en getiteld l.l. Verkocht April 18, 2015, New Orleans, US.

## Opgefrist

Het schilderij had jarenlang in de sigarenrook gehangen, de laag nicotine was zelfs nog eenmaal vernist en het doek was beschadigd. Er zat onder meer een winkelhaak in de linkerbovenhoek. Op de achterkant van het schilderij was een stuk 'steundoek' aangebracht, blijkbaar om de scheuren in het doek te versterken. Het schilderij is eind september - begin oktober 2021 professioneel schoongemaakt en de beschadigingen zijn geretoucheerd. Zoals dat gaat in de huidige restauratiemethode, wordt zo'n beschadiging schetsmatig ingevuld en wordt zo'n retouche omkeerbaar gemaakt, ofwel er komt een laagje 'restauratievernis' tussen het doek en de aquarelverf die in de beschadiging wordt aangebracht. Het wil ook zeggen dat de retouche op afstand niet zichtbaar is, wél van dichtbij. Verder is een oude, gouden lijst met een decoratief eierlijstje aangeschaft, die vervolgens op maat is gemaakt. *'Calme sur L'Escaut'* van Maurice-Adrien Baudin heeft nu zijn identiteit, zijn monsterboekje, teruggekregen en begint, opgeschoond en opgefrist, een nieuw leven bij een kleindochter van grootvader Burgers.

Met dank aan: Joep Burgers, Yolande Deckers, Frits Loomeijer, Peter Ludvigsen, Dorothee Mooij, Hildert Raaijmakers en Herman Rottier.

### Over de auteur/documentatie
Marieke Burgers is kunsthistorica en werkte onder meer als hoofd Voorlichting en Presentatie bij het Maritiem Museum in Rotterdam. Zij woont en werkt al jaren in Denemarken.
mail@marjekeburgers.dk

- *Vergeetboek – de Indische kampjaren van de familie Rottier-Burgers*, uitg. 2021. Aanwezig in de bibliotheek.
- *Getekend & Geschetst H.G. Burgers, 1875-1960: architect en directeur van de Ambachtsschool*, 2020 - ter inzage bij het Centre Ceramique in Maastricht, het RAN Nijmegen, het Gemeente Archief in Hulst en het NI in Rotterdam.

*Dirk Huizinga*

# Leisure overleven

*Door de eeuwen heen zijn er scheepstypen verloren gegaan, wat een normaal proces is. Veel soorten van schepen kennen we alleen van afbeeldingen, van oude schilderijen en gravures. Soms wordt van zo'n schip een zo getrouw mogelijke replica gemaakt, die daarna meestal stilletjes in een museumhaven ligt te wachten op een onvermijdelijke restauratie. Houten schepen zijn zonder de regelmaat van dure opknapbeurten slechts beperkt houdbaar. Maar ze zijn geliefd en er wordt mee gevaren.*

In de duizend jaar oude geschiedenis van de zeilende vrachtvaart is pas de afgelopen honderd jaar fundamenteel verandering gekomen, nadat schepen planmatiger konden varen met stoomkracht en weer later met motorkracht. Vrachtschepen konden door ze van ijzer te bouwen groter worden. Grote massa's bulkgoederen zoals graan en erts konden nu planmatig over de oceanen vervoerd worden. Voor vrachtvervoer is een beheersbare planning een groot goed. In Nederland werden veel vrachtschepen voor de binnenvaart en de kustvaart vanaf ongeveer het jaar 1900 niet langer gebouwd van hout, maar van (staal)ijzer. Dat werd onbedoeld hun redding. Dankzij deze 'ijzeren scheepsbouw' zijn veel van die vrachtschepen behouden gebleven. IJzer houdt het langer vol dan hout. Nadat in de jaren zeventig jonge mensen de romantiek van het zeilende vrachtschip ontdekten, hebben zij veel wrakkige scheepjes gekocht en opgeknapt. Zij wilden er weer mee zeilen zoals voorheen. Niet-originele bouwsels werden van de schepen gesloopt en het oorspronkelijke casco werd opgeknapt. Vervolgens moesten deze schepen weer getuigd worden. Aan kades in dorpen waar al jaren geen vrachtschepen meer aanmeerden, kwamen een halve eeuw geleden opgeknapte klippers en tjalken, Hasselteraken, stevenaken, skûtsjes en steilstevens te liggen, terwijl de eigenaren op de kant bezig waren van lange balken larikshout masten te schaven om de schepen zeilklaar te maken.

Daarna moest er met die schepen natuurlijk ook wat verdiend worden en zo ontstond in Nederland een omvangrijke chartervloot van meer dan 400 schepen, die in de loop der jaren geprofessionaliseerd is tot een serieuze bedrijfstak. Er werd een behoudsorganisatie opgericht voor historische bedrijfsvaartuigen (LVBHB) en overkoepelend een Federatie Varend Erfgoed Nederland (FVEN). De schippers zijn bovendien geen avonturiers meer, maar maritieme professionals, die voor deze zeilvaart opgeleid zijn aan de Enkhuizer Zeevaartschool. Die idealisten van het eerste uur hebben hun schepen daartoe ondergebracht in een stichting of verhuurbedrijf. De 'vracht' van deze schepen bestaat uit betalende gasten, uit mensen die het avontuur willen beleven door met zo'n groot zeilschip over het IJsselmeer, de Wadden en nog verder te zeilen. En 's zomers zijn er de groepen jongeren die in georganiseerd verband vanuit heel Europa ons land varend mogen bekijken vanaf zo'n oud zeilschip. Die gerestaureerde werkschepen blijven dus behouden dankzij de ontspanning, de vrijheid en het avontuur die zij anderen kunnen bieden. Het is allemaal 'leisure' (vrije tijd) wat de klok slaat.

Op de foto zien we zeilende klippers tijdens een Brandarisrace van Harlingen naar Terschelling. Opvallend verschil met de oorspronkelijke vrachtvaart is, dat we deze schepen tegenwoordig nooit geladen zien varen met het water tot in het gangboord. Ze liggen nu hoog en licht op het water, ze gaan snel, het ziet er fraai uit, maar de oude tijden herleven zo natuurlijk niet. Dit zijn moderne tijden. Als charterschip zijn deze schepen in de loop der jaren ook aangepast aan wettelijke eisen. Er wordt immers met passagiers gevaren en dan moet het schip veilig zijn voor deze mensen. Verder zijn veel van deze klippers en tjalken voor de wet 'grote schepen', en moeten ze om die reden voldoen aan eisen als traceerbaarheid tijdens de vaart en voorzien zijn van voorgeschreven communicatieapparatuur. In die zin zijn deze schepen weliswaar 'oud', meestal meer dan honderd jaar, maar niet geheel origineel, want aangepast aan de wettelijke veiligheidseisen van onze tijd.
Dat laatste ontbreekt bij replica's van bijvoorbeeld schepen uit de VOC-tijd. Dat zijn museumschepen die niet mogen varen, terwijl bij de chartervaart actief gezeild wordt op bedrijfsmatige wijze. Goed voor schip en mens.

Henk Picard

# Scheepvaart in Twente (1650 – 1920)

Deze bijdrage behandelt de vroegere scheepvaart en scheepstypen in Twente tussen Deventer/Zutphen en het Münsterland in de periode 1650 – 1920. De steden Zutphen en Deventer hadden als lid van de Hanze al vroeg belang bij handel met hun achterland, tot vrij ver in Duitsland. Zo was er in de dertiende tot de vijftiende eeuw vrijhandel tussen de Hanzesteden Deventer, Zutphen en Zwolle met het stift Münster. Deze handel betrof onder meer hout uit de Duitse bossen voor onze groeiende scheepsbouw. Transport over de weg vond plaats met zogenaamde Hessenwagens. Dat waren zware wagens, getrokken door meerdere paarden. Dit vervoer was niet altijd eenvoudig door de slechte wegen, vooral in voor- en najaar. Bovendien had men veel last van struikrovers. Scheepstransport had de voorkeur.

**Links:**
Stroomgebied van de Regge.
Uit: *Varen waar geen water is* door Gerrit Jan Schutten

Natuurgebied Lutterzand

De Hanze bracht steden als Zutphen, Zwolle en Deventer tot grote bloei, mede door hun verbinding met zee en door hun gunstige ligging tot het Münsterland. Om deze reden waren er wederzijdse handelsbelangen in de vorm van vrijhandel. Het transport per schip was belangrijk, want er kon meer vracht per keer vervoerd worden. Slechte wegen in voor- en najaar speelden geen rol en de struikroverij had hier minder vat op. Belangrijke informatie heb ik ontleend aan contact met Gerrit Jan Schutten, auteur van het boek *Varen waar geen water is*. Dit leidde tot het schrijven over het scheepstype zomp, aangezien daarover weinig bekend is. Deze bijdrage spitst zich toe op de zomp *Gerritdina*.

De beken en riviertjes in dit gebied waren pure regenrivieren. Veel regen gaf veel water en was het goed mogelijk om te varen. In droge periodes was er geen water en viel er niet te varen. Door de wisselende hoeveelheden water en een ondergrond met veel zand, zorgden de zandbanken voor veel ondiepten. Aangezien de rivieren niet bedijkt waren en er 's winters veel overstromingen plaatsvonden, ontstonden nieuwe afzettingen in de beddingen met ondiepten als gevolg. Het 's-zomers varen op deze wateren was vaak een heel geploeter. In de winter ging het varen wel goed, al kon de stroming het zwaar maken, vooral bij de vaart stroomopwaarts met weinig wind en dus weinig hulp van de zeilen. De op veel plaatsen begroeide oevers nam de wind vaak weg.

**Dammen opwerpen**
In de zomer deed zich een ander probleem voor als er nauwelijks of geen water in de beekbedding stond en men ondanks de platte scheepsbodems nauwelijks kon varen. Om dat toch te kunnen doen, werd er gedamd. Ging men stroomopwaarts, dan werd een dam achter het schip opgeworpen. Als het pand voor de dam volliep was het mogelijk een stuk stoomopwaarts te varen. Meestal waren dit kleine stukken en moest men telkens dammen. Voer men stroomafwaarts dan werd een dam opgeworpen achter het schip, dus stroomopwaarts. Was het water eenmaal goed opgestuwd, dan werd de dam doorgestoken en stroomde het water met kracht in de lege bedding. De schepen die daar lagen werden met geweld stroomafwaarts gesleurd.

Meestal ging het om meerdere schepen bij elkaar en waren botsingen niet uitgesloten. Vaak stranden meerdere schepen bij elkaar. De mannen en soms de vrouwen namen dan gezamenlijk de schop ter hand en wierpen een dam op. Als alternatief voor transport in de zomer bij weinig water, werden de Hessenwagens ingezet, zodat het vervoer van grote en lompe vrachten geen probleem was.

Onderstaand fragment over het dammen, ontleend aan *Varen waar geen water is*, geschreven door W.C.H. Staring, is mijns inziens de moeite waard en ik heb het woordelijk overgenomen. (vanaf pag. 67) *Verplaats U thans eens in de zomer naar het riviertje de Regge in Overijssel daar waar dat de voet van de Lemelerberg bespoelt. Van den vroegen morgen tot den laten avond, op eenen langen zomerschen dag heeft een tiental mannen gezwoegd en gezweet, om, dwars door het riviertje eenen dam op te werpen. Eindelijk is die gereed, het opstuwende water verzamelt zich langzamerhand daarachter en het voert een tiental zompen (schepen met vlakke bodem) op, het eigendom der lieden, welke zich zo dapper geweerd hebben. Eenige uren, een dag wellicht, moet verlopen, voor het vereischte peil wordt bereikt. Nu plotseling den dam doorgestoken: het water schiet met kracht voorwaarts en sleurt de kleine vloot met zich mede, terwijl de schippers alle krachten inspannen om door boomen de gang der schepen te verhaasten. Alles gaat goed tot anderhalf uur verder: daar is het water aan zijnen last ontsnapt, de zo duur gewonnen droppelen zijn verbruikt en de vloot ligt weder op het droge. Nu weder de schop in de hand genomen, met vereende krachten hetzelfde weer begonnen en geen moed verloren want dit is de eenigste wijze waarop in de zomer de Regge te bevaren is.*

In 1848 schreven Staring en Stieltjes: *Bij laag water namelijk, verenigen zich een aantal zompen tot een vloot en de schippers brengen een dam van groen hout en zand, door de rivier, om hierdoor de waterspiegel op*

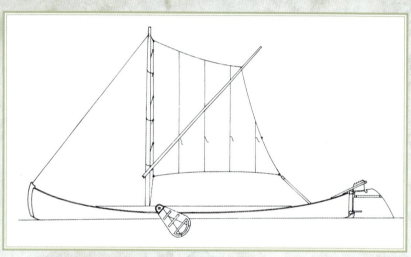

Tuigplan Vriezeveens turfschuitje.
Uit: *Varen waar geen water is* door Gerrit Jan Schutten

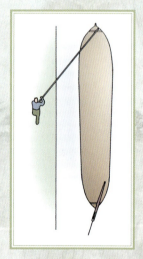

Trölen

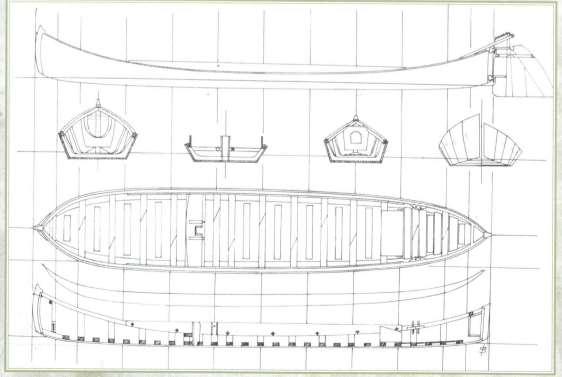

Vriezeveens turfschuitje.
Uit: *Varen waar geen water is* door Gerrit Jan Schutten

te stuwen. *De specie daarvoor wordt uit de hoge oevers genomen en omdat de dammen niet weer worden afgegraven, maar eenvoudig worden doorgestoken, en dat de stroom die dan maar verder op moet ruimen. Het spreekt van zelf, dat hierdoor aanmerkelijke verzandingen ontstaan die de afwatering en scheepvaart steeds meer gaan belemmeren. In enkele gevallen zijn hierover door de aanliggende boeren en de schippers afspraken gemaakt. Dit dammen gaf behalve de verzanding ook beschadiging van de oevers, omdat bij het dammen eveneens oevermateriaal werd gebruikt.*

*Wat leren we hieruit?*
a) *het dammen moest dus eindeloos herhaald worden;*
b) *de vloedgolf die vrijkwam bij het doorsteken, gaf, door de afwezigheid van dijken, vaak een overstroming van de nabijgelegen hooilanden.*
*Stond het gras hoog dan sloeg het plat en was nauwelijks nog maaibaar. Was het gras gemaaid en lag het te drogen, dan ging het rotten. Dit gaf niet alleen problemen met de boeren, maar ook met hun landheren omdat de boeren dan later de pacht niet konden betalen.*

### Navloeien

De term navloeien gebruikte men voor het loslaten van het extra water op plaatsen waar zijriviertjes/beekjes in de vaarroute uitkwamen. Dat zag men wanneer er zijbeken waren waar vrij kort boven de monding daarvan in de hoofdstroom een watermolen was gebouwd. Bij droogte en dus geen vaarwater, kochten de schippers vaak water bij de molenaar. De betaling was per tijdseenheid. De molenaar zette dan gedurende de gekochte tijd het schut naast de molen open. Uit de molenkolk stortte zich dan een 'bak' water de rivier in. Deze watervloed moest de schepen verder op weg helpen. Het was belangrijk dat de molenaar navloeide, dus nog een tweede golf gaf. Deze stuwde de schepen voort maar ook de voorgaande golf, met het gevolg dat het water vaak over de oevers spoelde, dus tevens over een deel van het al of niet pas gemaaide hooiland. Dit gaf vaak veel schade. Dat de gebruikte schepen, lees zompen, tamelijk ver konden komen, kwam doordat ze een vlakke bodem hadden zonder uitsteeksels zoals een kielbalk. Bovendien hadden ze weinig diepgang.

### Geschiedenis

De handel met het Münsterland breidde zich uit aangezien in de westelijke provincies steeds meer behoefte was aan onder meer timmerhout voor de scheepsbouw en grote en kleine blokken

Berkelzomp *De Jappe*.
Uit: Spiegel der Zeilvaart, 2 mei 1995. Foto: Antink

zandsteen en hout voor de bouw van patriciërhuizen. De behoefte aan een vlotte en regelmatige verbinding met het achterland werd daarom steeds groter. Dus moesten de waterwegen verbeterd worden want de scheepvaartverbinding was veiliger en regelmatiger dan het vervoer per as, waar men vooral in voor- en najaar niet alleen met slechte wegen kampte, maar ook met struikrovers die daar actief waren.

Zo ontstonden particuliere initiatieven in de vorm van burgercompagnieën en initiatieven van landedelen met plannen tot verbetering van de bevaarbaarheid van de riviertjes en beken alsmede voor het graven van nieuwe waterwegen. Door tegenstrijdige belangen liep dat, net als tegenwoordig, niet allemaal even vlot. Verder zaten Zutphen en Deventer niet altijd op één lijn en over de grens deed zich hetzelfde beeld voor.

Berkelzomp *De Jappe*.
Uit: Spiegel der Zeilvaart, 2 mei 1995. Foto: Antink

In die tijd was voor Twente de Regge de grootste vaarweg naar het Münsterland, maar lastig door de vele natuurlijke ondiepten en zandbanken, deels veroorzaakt door het dammen. Bovendien was voor Zutphen de Berkel als vaarweg interessanter. In 1318 kreeg Zutphen het recht een vaart te graven langs de Berkel en de Lebbinkbeek. Echter pas in 1630 werd in Zutphen een compagnie opgericht om de Berkel bevaarbaar te maken en in 1642 kreeg ze octrooi om door de Heerlijkheid Borculo en door de Heerlijkheid Mallem te varen. In april 1646 kwamen de eerste schuiten in Vrede aan. Deze schuiten (zogenaamde Berkelzompen) hadden de volgende maten: lengte 42 voet, breedte 7 voet en holte 3¼ voet. Het laadvermogen was 5 ton.

In 1650 kwam Christof Berend von Galen als bisschop van Münster aan de macht en hij werkte mee aan verbetering van de bereikbaarheid tussen Twente en Münsterland. In 1659 onderhandelde bisschop Berend met Zwolle over een kanaalverbinding van de Vecht met de Eem, maar Nederland had weinig interesse. In 1663 kwam de aap uit de mouw. De bisschop wilde meer economische en dus bestuurlijke macht hebben. Gevolg: oorlog in Münsterland, maar ook in Twente en de Achterhoek. In 1665-1666 was er een overval op Twente en Salland met belegering van steden in die regio en in 1672-1674 de belegering van Groningen. Dit leverde bisschop Berend de bijnaam Bommen Berend op.

Na de vrede werden verbindingen gegraven tussen vele riviertjes en beken in Twente en de Achterhoek. Tevens werden sluizen en een enkele overtoom aangelegd. Echte schutsluizen met een sluiskolk werden hier pas rond de jaren 1770 gebouwd (schutsluizen zijn een uitvinding van Da Vinci). Bij een schutsluis gaat er per schip dat passeert maar een beperkte hoeveelheid water omlaag, dit in tegenstelling tot wat gebeurt bij een gewone stuwsluis met één deur. Het water boven de sluis was nu beter op peil te houden. Dat gold ook voor het water na de sluis tot de volgende, waardoor er geen problemen waren met navloei. Het vaargebied van Twente bestond zo uit vele kleine, natuurlijke ondiepe riviertjes en beken, plus een aantal gegraven waterlopen. De gegraven beken volgen vaak de oude bedding van watergangen en sloten. Het graven van nieuwe beken c.q. vaarwegen ging uiteraard niet altijd zonder technische problemen. Maar soms ook niet zonder ernstige onenigheid, tot 'oorlog' aan toe.

Christoph Bernhard von Galen, bijnaam Bommen Berend

Het graven van de Twickelervaart, tussen kasteel Twickel, van de Graaf van Wassenaar Obdam in Delden en de heerlijkheid het Kattelaar van de dames Borgerinck onder Enter, gaf problemen. Hier sloot de Twickelervaart aan op de Boven-Regge. De Dames waren niet akkoord want ze waren bang de inkomsten van de overslagplaats met boerenherberg bij hun heerlijkheid kwijt te raken. Dit was namelijk de overslagplaats van het wegvervoer met Hessenwagens uit Duitsland naar de Boven-Regge.

De Grote Boermarke van Enter gaf toestemming aan de Graaf, maar de Joffers Borgerinck waren niet akkoord en gaven *bij desen kennis, datsij het graven van dese vaart of Gragt niet kunnen of willen toestaan, maar dat sij hetselve metterdaad zullen beletten en dat sij dien ten gevolge hedenmorgen al het uitgegraven zand of aerde ook wederom doen inlijken.* Dit gebeurde nog dezelfde nacht. Op 5 en 6 april werden alle schuiven van de sluizen geopend, zodat al het water weg liep. Maar het spannendste was het graven bij het Katteler in de meidagen van 1772. Op 14 mei waren er 400 man aan het graven, de meesten uit Delden en Enter. Besloten werd de poort van het Katteler te laten bewaken, zodat er ingegrepen kon worden wanneer daarvandaan onraad zou komen. Op 15 mei kwamen er nog 150 arbeiders bij de 400 die er al waren! Alles verliep in goede orde. Op maandag 18 mei werd de markegrens van Delden bereikt. Op 17 december 1772 deden de joffers een vredesvoorstel.

De Twikkelervaart werd 11 km lang. Op 3 april 1776 kreeg de graaf van de Staten van Overijssel het recht om tol te heffen. De burgers van Delden waren vrijgesteld. Dus gaven Enterse schippers zich prompt uit voor burgers van Delden.

**Bouw van zompen, inheemse Twentse schepen**
Zompen werden in de loop der geschiedenis door de uitbreiding van onder meer de handel steeds groter. Dat liep vanaf zes ton tot dertig ton. De wijze waarop een zomp gebouwd werd en inmiddels weer wordt gebouwd, is de volgende: Op de vloer van de bouwschuur wordt een aantal jukken aangebracht, die bij benadering de gebogen lijn van het vlak volgen. Hierop worden de eiken planken voor het vlak gelegd en op maat gezaagd en door middel van het door de naad zagen, pas gemaakt en daarna met behulp van klampen met elkaar verbonden. De verbinding werd gemaakt met houten pennen. Eventuele lassen in de vlakplanken vielen altijd onder een klamp. Daarna

werd het vlak midscheeps vanaf de zolderbalken gestempeld, waarna het vlak voor en achter eventueel met behulp van dommekrachten werd opgebogen en onderstopt. Pas dan werden de stevens gemaakt en geplaatst, van onderen op het vlak bevestigd en boven aan de zolderbalken vastgemaakt, zodat ze stabiel stonden voor de verdere bouw. Vervolgens werden de planken voor de zijden gemaakt, dat wil zeggen gebrand of later ook wel gestoomd. Stomen is gemakkelijker en veiliger in verband met brandgevaar, maar je loopt wel het risico om een plank 'gaar' te stomen, die daardoor slap wordt en gevoelig voor rot.

Dat branden was echt vakwerk, want de zijden waren niet alleen gebogen, maar hadden ook tamelijk veel zwei. Was de eerste plank van de zijden klaar, dan werd de juiste passing tegen het vlak verkregen door het vlak voorzichtig bij te schaven en vervolgens de laatste open naadjes weg te werken door nogmaals met de zaag door de naad te zagen. Voor en achter hield men een lang driehoekig gat over tussen het vlak en de eerste zijgang. Dit werd later gesloten door een driehoekig geeringstuk. Daarna kwamen de volgende planken in de zijde. Om voldoende stijfheid te krijgen, werden de planken in de zijden met zogenaamde kantspijkers op elkaar gespijkerd. Dit was zorgvuldig werk, want wanneer de spijker te dicht onder het oppervlak kwam, dan barstte het hout en ging dan eerder rotten. Was de onderbouw van de romp klaar, dan werden de krommers geplaatst tussen de klampen, die al op het vlak zaten. Deze krommers werden vroeger gedisseld, maar worden tegenwoordig gezaagd. Dan werden het broodkastje en de mastdoft aangebracht. De mastdoft greep boven om de krommers en met ijzerbeslag hier nog eens extra aan vastgezet. Pas hierna werd de randgaarde aangebracht (De randgaarde is hetzelfde als het berghout, alleen een randgaarde ligt binnen tegen de huid en het berghout ligt buiten tegen de huid).

De randgaarde werd gebrand uit een balk van één lengte. Dit maken van de randgaarde was waar vakwerk, want ze moest precies in vorm gebrand worden met een bocht in twee vlakken en met een torsie. Daarna moest de randgaarde nog in zwei geschaafd worden. Tot nu toe was alles van eikenhout gemaakt. De bovenbouw was meestal van vurenhout. Dat betreft dus de losse en vaste boeisels, het dek van het vooronder en de buikdenning. Nadat de zomp was afgebouwd en geschaafd, werd ze niet geschilderd, maar van binnen en buiten met bruine teer, met een zachte kwast ingewreven, waardoor ze ging glimmen als een spiegel.

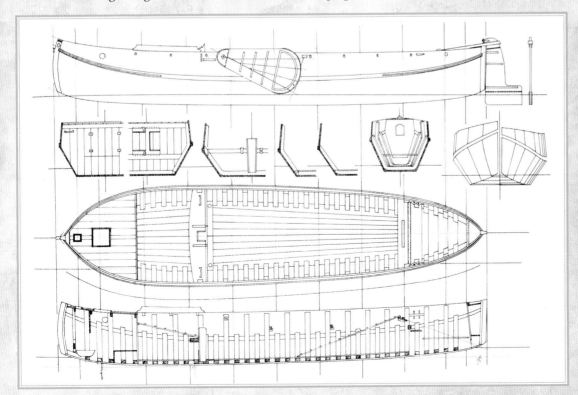

**Opgeboeide zomp**
Uit: *Varen waar geen water is* door Gerrit Jan Schutten

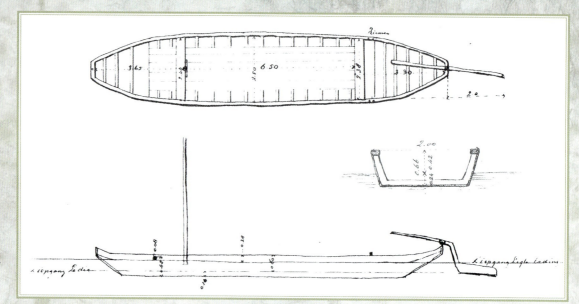

**Oude IJsselzomp.**
Uit: *Varen waar geen water is* door Gerrit Jan Schutten

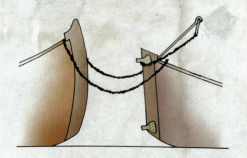

**Schuitentrein.**
Uit: *Varen waar geen water is* door Gerrit Jan Schutten

**Vastzetten zeilval.**
Uit: *Varen waar geen water is* door Gerrit Jan Schutten

Alle typen zompen hadden een groot spriettuig met een grootzeil, van een wat langwerpig-rechthoekige vorm, met stender en strop.

### Verschillende typen zompen

Hier volgt de beschrijving van de diverse scheepstypen (de zompenfamilie dus) die in deze gebieden hebben rondgevaren en waarvan enkele replica's tegenwoordig weer varen. Ik heb getracht zoveel mogelijk de namen bij de juiste typen te plaatsen, maar ze werden vroeger nog wel eens door elkaar gebruikt, ook in de diverse bronnen. Helaas kan ik Schutten hierover niet meer raadplegen.

### Het Vriezenveens turfschuitje

Het Vriezenveense turfschuitje is het beste te beschouwen als een kleine Lösse Zomp. De maten waren in het algemeen 8,50 m lang en 1,60 m breed en in het vlak 1,25 m breed. De hoogte was voor ± 90 cm, in het midden ± 30 cm en achter ± 79 cm. In het midden werd de romp opgehoogd met een boeisel van ± 25 cm. Het schuitje was open en had geen buikdenning. Achterin zat de gebruikelijke broodkast en een stukje daarvoor, aan het einde van het boeisel, bevond zich de schipkist, die de voorzijde van de bollestal afsloot. De vloer van de bollestal werd gevormd door de ruimte tussen de krommers en de klampen op te vullen met loze klampen.

Deze schuitjes waren zeer licht gebouwd, want bij een lengte van 8,50 m werd er een huid gebruikt dik 5/4 duim. Ook de krommers en klampen waren uitzonderlijk dun. Door een zorgvuldige keuze van het gebruikte hout wist men toch een grote sterkte te bereiken. Met deze lichte bouw en deze rompvorm wist men een minimale diepgang van 14 cm te bereiken, waardoor de schuitjes goed uit de voeten konden op de smalle beken en sloten in het gebied achter Almelo. De mooiste schuitjes werden tot 1885 in Enter gebouwd. De elders in Twente gebouwde schuitjes waren duidelijk lomper.

Het schuitje werd geboomd of getröld met een boom van circa 4 m lengte. Wanneer de gelegenheid zich aanbood hees de schipper graag een zeiltje, want de schuitjes waren goede zeilers. Het trölen ging als volgt: de zeilspriet werd met het dikke eind aan de binnenkant voor in de kop van de boot gestoken tussen de randgaarde en de eerste U-vormige krommer. De schipper zette zijn borstbeen dan tegen het dunne einde en duwde zo de boot voort. Om de kop van de schuit uit de wal te houden, gaf men enig tegenroer, door het roer met een pen vast te zetten. Het schuitje had een korte mast, die op de gebruikelijke wijze in de mastbank rustte. Aan de mast kon een klein sprietzeil worden gehesen. Met geknoopte rakbanden was dit zeil aan de mast gebonden. Het werd gehesen met een zeilval dat over een blok in de top van de mast liep. Dit zeilval werd op dezelfde wijze op de boeg vastgezet als bij de Berkelzomp. Soms werd het val ook wel op een klamp onder aan de voet van de mast belegd. De spriet werd boven in een lus aan de nok van het sprietzeil ingepikt en hing onder in een lus die om het ondereinde van de mast werd geslagen. Aan de onderzijde van de spriet was hiertoe een inkeping aangebracht.

De hals van het sprietzeil was met een lijntje vastgezet op een klamp onder aan de mast. De schoot werd vastgezet op de stuurboords- of bakboordsnagelbank. Er was één zwaard aan boord, dat met een bout aan het boord werd gehangen. Deze bout werd met een spie geborgd. Op ongeveer 90 cm van onderen zat een rif in het zeil. Wilde men het zeil nog verder verkleinen, dan werd de spriet uitgenomen en werd de nok van het zeil tegen de mast gebonden.

Ging men turf graven in het veen achter Almelo, dan werden in verband met de verschillende schutten, die men vanuit Vriezenveen moest passeren, zogenaamde schuitentreinen samengesteld. De schuiten lagen dan achterstevoren achter elkaar, de roeren werden afgehaakt en men bond de schuiten met een ketting aan elkaar. Deze ketting zat vast aan een kramp op de achterste klamp, ze werd vervolgens om de kop van de voorgaande schuit geslagen en dan met een slag om de kop van de achtersteven van de eigen schuit. Daarna werd de pen die aan het eind van de ketting zat, schuin in een gat in de achtersteven gestoken. Vervolgens maakte iedere schipper zijn trekzeel met een slipsteek vast aan het achtereind van de schuit vóór hem en begon te trekken. Op deze manier kwam de hele trein in beweging. Deze schuitentreinen dienden om door de schutten te komen, want een schipper kon in zijn eentje zijn schuit niet stroomopwaarts door een opengetrokken sluis sleuren. Als gereedschap gebruikte men bij het turfsteken de spa of bonkschoffel – een vlakke spade met hoekige snede om de bovenlaag, het bleutsel, te verwijderen. Daarna werd met de stikker of paievoute – een rechthoekige steekspade - de turf op grootte afgestoken. Vervolgens werd met de oplegger of opschot – een lange, smalle, gedeeltelijk houten spade met korte steel de turf horizontaal losgestoken, waarna de turven met de bree - een vork met vier platte tanden en een lange steel - opzij werden gezet.

Later werden de turven dan met een kruiwagen een eind op het droge veld gereden. Wanneer de turf droog was, werd ze in de schuitjes geladen. Hiertoe legde men een lange plank vanaf de walkant over beide boorden van de schuit en reed de turf met de kruiwagen in de schuit. Was de grond waar de turf werd gestoken erg nat dan gebruikte men klompen met extra brede zool of bond plankjes onder de klompen, om het wegzakken in de bodem tegen te gaan. Wie meer wil weten over dit turf steken en over de schuitjes, kan het boek *Varen waar geen water is* raadplegen of het *Jaarboek Twente* van 1981.

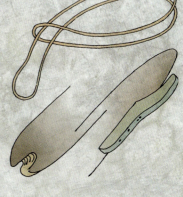

**Strop uiteinde spriet.**
Uit: *Varen waar geen water is* door Gerrit Jan Schutten

**Berkelsomp/Berkelzomp van omstreeks 1850**

**Model Vriezeveens turfschuitje**

Producten uit Munsterland en Twente en omstreken gingen in de achttiende eeuw via de Schipbeek, en in de negentiende eeuw via de Berkel, vooral naar Zutphen. Deze vaart was sterk seizoensgebonden. Na 1827 werden deze vaarwegen veel minder gebruikt, doordat er een verharde weg kwam tussen Deventer, Goor en Hengelo en in 1841 een verharde weg naar Zutphen, Diepenheim en Goor. Op de Berkel kon slechts met kleine schepen met weinig diepgang gevaren worden. Zo werd de Berkelzomp ontwikkeld. Wanneer precies is niet te achterhalen. De Berkelzomp, maar dan zonder vooronder, werd tot ongeveer 1820 op de Vecht gebruikt en tot ongeveer 1850 op de Regge. De Berkelzomp was ongeveer 11 m lang en 2,30 m breed, een platboomd vaartuig met een laadvermogen van omstreeks 8 ton. De bodem was vlak en liep voor en achter iets op. De vlakdelen van 4 cm dikte bestonden zoveel mogelijk uit één plank en werden bij elkaar gehouden door liggers van 9 x 12 cm, op een onderlinge hart-op-hart afstand van 2 voet en met houten pennen aan het vlak bevestigd. De zijden en het vlak waren met elkaar verbonden met krommers van gegroeid kromhout, eveneens met pennen.

De achtersteven stond rechtop en de voorsteven helde iets voorover. Over de koppen van de krommers liep binnen de bovenste huidgang een randgaarde. Deze randgaarde stak iets boven de bovenste huidgang uit. De randgaarde was stevig aan de huidgang vastgenageld. De onderste huidgang was eveneens stevig aan het vlak genageld. Op $1/3$ van voren liep op circa 50 cm hoogte dwarsscheeps de mastdoft, met een vierkante uitsparing aan de achterzijde voor de mast. Deze zomp was voor en achter veel hoger dan midscheeps. Om toch voldoende hoogte te krijgen in de zijden, werden aan de binnenzijde, tegen de randgaarde vaste boeisels van vurenhout aangebracht. Deze boeisels werden bevestigd met behulp van liggende, grote U-vormige krammen, die in de randgaarde zaten en door sleuven in de boeisels naar binnen uitstaken. De vurenhouten boeisels werden dan op hun plaats gehouden met houten pennen door deze krammen. Behalve deze boeisels was het hele schip van eikenhout.

Alle naden waren gebreeuwd en gepekt. Voor de naad tussen boeisel en randgaarde gebruikte men wel spagnum (= gedroogd mos). Vooraan was het boeisel hoger vastgenageld en dus niet wegneembaar. Dit deel was dus los van de boeisels in de zijde en vormde zo de zijkant van het vooronder, samen met de voorplecht als dek.

**Tuig Berkelzomp.**
Uit: *Varen waar geen water is* door Gerrit Jan Schutten

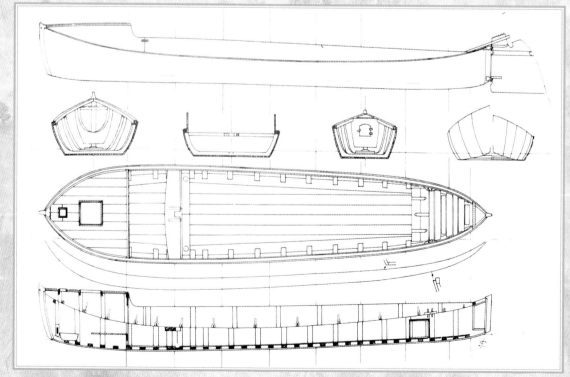

**Berkelzomp.**
Uit: *Varen waar geen water is* door Gerrit Jan Schutten

In de achterpunt van de zomp zat een kastje. De buikdenning lag los over de klampen en krommers. Omdat het vlak achter omhoog liep, waren daar vaak losse vullingen aangebracht, zodat er een goede loopvloer ontstond. Op ± 1,20 m vanaf het kastje stond dwarsscheeps de scheepskist. Hiernaast lag een losse hoospomp en een hoosschepje. Aan de achterkant hing een naar verhouding groot roer. De Berkelzomp was relatief licht gebouwd met de grootste breedte op een relatief grote lengte, waardoor de diepgang leeg nog geen 20 cm was. Zo kon op ondiep water zoals bij de Berkel nog relatief veel lading worden ingenomen. Het zeiltuig bestond uit een korte mast met voorstag, met soms een kleine fok en verder een klein driehoekig zeil aan een korte losse giek. Het voorstag was net als bij het Vriezenveense schuitje vastgezet in een gat van de voorsteven, onder zichzelf doorgetrokken.

Verder is de Regge zover naar de oude toestand teruggebracht dat er ook uiterwaarden zijn gecreëerd. Ik heb zelfs een keer een ijsvogel gezien in de Regge bij het Exo. Er varen ook weer replica-zompen op de Berkel en op de Regge, echter alleen op korte trajecten in verband met de vele stuwen en vaste bruggen. Voor zover ik weet varen op het moment weer correct gebouwde replica-zompen rond Borculo, Eibergen, Enter, Hellendoorn-Nijverdal, Lochem en Rijssen. Er zijn inmiddels zelfs replicazompen vanwege slijtage vervangen door nieuw gebouwde replica-zompen. Dit vindt vooral plaats op de Zompenwerf te Enter (voor publiek te bezichtigen).

### De Oude Peggezomp
Dit waren de grotere zompen op de Vecht en het Zwarte water. Zij voeren ook buitenom naar Friesland. In het westen van Overijssel sprak men nooit van zompen, maar van Vechtezompen, al waren ze gewoon in Enter gebouwd. Deze waren vermoedelijk identiek aan de latere Berkelzomp, echter zonder vooronder. De boeisels waren smal en liepen ter plaatse van het vooronder gewoon rechtdoor. Het tuig was nog zeer eenvoudig, maar wel groter dan van de Berkelzomp. Er zijn helaas geen beelden van beschikbaar.

**Links:**
Model Berkelzomp

### Lösse of Enterse Zomp
Deze is ontwikkeld uit de oude Peggezomp en de Berkelzomp. Het wordt nu echt een zeilschip met een vlak dat voor en achter scherper was en met een groter zeilplan. Daarnaast kreeg zij twee zijzwaarden. Tevens werd er meer laadvermogen

Ondertussen werden de vaarwegen verbeterd, maar waterstand en waterbeheersing bleef een probleem door botsende belangen tussen boeren, landheren, schippers en waterbeheerders. Zo bleef de vaart zeer seizoengevoelig. Na 1800 kwamen er plannen om de Regge en de Schipbeek beter bevaarbaar te maken. Daarbij werd echter geen rekening gehouden met het plan voor de aanleg van het Overijssels kanaal. In de Schipbeek en de Regge kwamen stuwen die bij hoog water gelicht konden worden en bij laagwater gesloten. De zompen konden passeren via kanaaltjes met schutsluisjes aangelegd parallel aan de rivier.

Tegenwoordig zijn de kanaaltjes met schutsluisjes verdwenen en liggen overal vaste lage bruggen over de Twentse beken en rivieren. Voor de waterbeheersing liggen er vele stuwen in met vistrappen en kan men alleen met een draagbare kano lange tochten over de Regge maken.

Model Oude Enterse zomp door Henk Picard. Schaal 1:50

verkregen door een lichtere constructie. Dit door de zijden uit te buigen en door het schip voor en achter hoger te maken. Het meeste dat bekend is van de zomp, weten we van de Lösse Zomp van Jans ten Berge uit Enter. Deze zomp, gebouwd omstreeks 1875 te Enter, is namelijk tot 1944 bewaard in het Openluchtmuseum in Arnhem, waar zij ten gevolge van de oorlogshandelingen ernstig is beschadigd. De resten hebben daarna rond gezworven en zijn uiteindelijk via 't Twickel in haar geboorteplaats Enter beland.

Deze zomp had een laadvermogen van 17 ton, bij een lengte van 12,20 m en een breedte van 2,65 m. De hoogte van de vaste onderbouw was 55 cm. De eiken planken van vlak en zijden waren slechts 1½ duim dik. De stevens, klampen, krommers, mastdoft en randgaarde waren ook van eikenhout. Door de wijze van bouwen helt de voorsteven licht achterover, terwijl de zijden van de Enterse zomp in tegenstelling tot de Berkelzomp in de kop volkomen recht zijn. De boeisels waren zeer groot en gemaakt van smalle vurenhouten planken. De bovenste hiervan was nog wel eens van eikenhout. Het nadeel van zoveel planken was dat men veel naden had, die konden gaan lekken als het boeisel uitdroogde. Maar het voordeel is, dat deze naden niet ver opentrekken, omdat de planken zo smal zijn.

De losse plecht van het vooronder was van smalle vurenhouten delen gemaakt. Deze plecht werd, evenals de naden van vlak en zijden, zorgvuldig gebreeuwd en gepekt. Achter in het schip was een bollestal met een kastje. De bollestal was verhoogd door middel van een vlonder. Onder deze vlonder werden meestal de dekkleden en het zeil opgeborgen. De afscheiding van de bollestal naar het ruim bestond uit een vurenhouten schot, dat met haken aan de krommers was opgehangen. Daarachter bevond zich de schootbalk met schuin er boven de eikenhouten 'trèèplaanke'. Daar de onderbouw zeer laag was, bevond de eikenhouten mastdoft zich ook zeer laag in het schip. Om de mast voldoende steun te geven, was er een stevige taps toelopende mastkoker in bevestigd.

In de punt van het vooronder stond een vuurpot of soms zelfs een fornuisje. Daarboven hing dan een gietijzeren kookpot aan een ketting of aan een vuurzaag. Boven het fornuis was een soort houten schoorsteenmantel, die de rook via een houten schoorsteen naar buiten voerde. Men kreeg alleen lucht door en toegang tot het vooronder via het dekluik.

Soms zat er in de achterwand nog een deurtje, of was een deel van het achterschot uitneembaar door een paar warteltjes los te draaien. Dit was natuurlijk alleen mogelijk bij een leeg schip. De schoorsteen was af te sluiten met een los luikje. Tegen de achterwand van het vooronder was een slaapbank geplaatst, het achterste deel hiervan was vast en het voorste deel opklapbaar. Er konden twee man slapen. In het voordek of gewoon voor in de zijden waren flessenbodems ingebracht om licht in het onderkomen te krijgen.

Overdag was het voorste deel van het bed opgeklapt en waren strozak en dekens daarachter opgeborgen. Men zat dan op een losse zitbank met de rug tegen het opgeklapte deel van de slaapbank. In sommige zompen stond achterin nog een hooikist opgesteld, dwarsscheeps tussen ruim en bollestal, op de plaats waar men bij de Berkelzomp de schipskist vindt. Deze hooikist bezat dan aan de voorzijde een luchtschuifje en diende als slaapplaats voor de knecht. Zoiets zou tegenwoordig ondenkbaar zijn! De Lösse Zompen varieerden van 12 - 16

### Het zeilwerk van de zomp

De mast was ongeveer 1 m langer dan de lengte van de romp. Het sprietzeil was hoog en smal om meer profijt van de wind te hebben, vooral op de door bomen omzoomde rivieren van het Twentse land. Deze zeilen waren eerst van linnen, later van katoen. Katoenen zeilen hadden het voordeel dat ze vrijwel vlak waren, waardoor de zomp hoger aan de wind kon varen. Ook de relatief grote zwaarden speelden hierbij een rol. Doordat de bodem voor en achter vrij sterk was opgebogen, was de zomp zeer wendbaar. Zodoende was het niet nodig de fok bak te houden bij het overstag gaan, zoals dat bij tjalken moest gebeuren. Door dit alles kon de zomp met haar kleine bemanning (twee man en een jongen) vrij gemakkelijk laveren op onze stromen.

Het grootzeil was dus een hoog en smal sprietzeil. De nok van het grootzeil werd ingepikt aan twee zusterhaken van een losse ijzeren rakband, die langs de mast omhoog kon schuiven. Het zeilval werd ingepikt in twee andere zusterhaken aan dezelfde ijzeren rakband en liep over een schijf in de mastkrans naar de mastvoet, waar het belegd werd op een kikker aan de voet van de mast. De spriet werd in de nok van het zeil ingepikt en vastgebonden. Dan werd met hulp van de val het grootzeil samen met de spriet gehesen. Was

Scheepvaart in Twente (1650 – 1920) 91

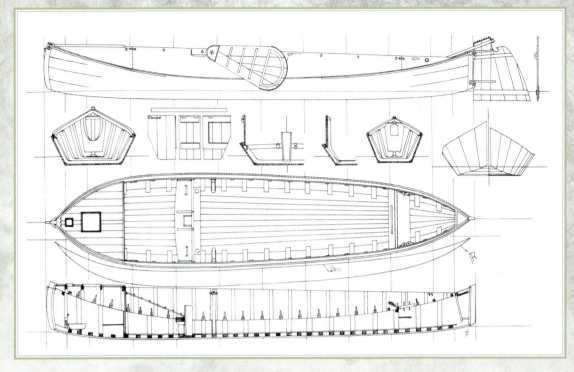

Enterse zomp.
Uit: *Varen waar geen water is* door Gerrit Jan Schutten

het zeil gehesen dan werd de voet van de spriet met een mastworp vastgezet aan de stender. De stender was een touw dat vanaf de krans langs de mast omlaag hing om de voet van de spriet op de juiste hoogte tegen de mast te houden. Bovendien werd de stender, ook nog ingepikt in een dubbele touwlus, die om de voet van de mast was geslagen. Om het zeil beter te spreiden vooral bij zwakke wind, werd nog een stutter of stender halverwege het achterlijk van het zeil geplaatst. Deze werkte als een soort giek. De voet van deze stutter rustte in dezelfde touwlus als de spriet. De nok van deze stutter lag in een oog aan het achterlijk van het sprietzeil. De blokken van de zomp waren vrij groot, namelijk 15 cm.

Model Enterse zomp met laag tuig door Henk Picard. Schaal 1:50

## Opgeboeide zomp

Dit was de benaming voor een zomp met een uitwendig berghout en vaste boeisels. Op de Vecht werd omstreeks 1900 nog veel met zompen gevaren. Ze waren eveneens te vinden op het Zwarte Water. De woonplaatsen van de schippers waren veelal Ommen, Gramsbergen, Hasselt en Zwolle. De zompen die op de Vecht voeren – de Vecht was duidelijk een groter vaarwater dan de Regge - waren doorgaans aanwijsbaar groter dan de Enterse zompen. De opgeboeide zompen varieerden van 16 - 30 ton laadvermogen. De dubbele zompen varieerden tussen 24 en 30 ton laadvermogen. De opgeboeide zomp had dezelfde indeling als de Lösse zomp, de bouw verschilde niet wezenlijk in vorm, maar fundamenteel in de constructie. Ze had namelijk geen losse vurenhouten boeisels, maar vaste eikenhouten boeisels, terwijl de spanten niet op de randgaarde eindigden, maar om de ander doorliepen tot aan de bovenkant van het boeisel. Verder had de opgeboeide zomp geen randgaarde, die aan de binnenzijde van de huid over de koppen van de spanten liep, maar een berghout, dat tussen de huid en het boeisel liep. Dus uitwendig. Door deze verschillen in constructie en het gebruik van meer eikenhout was de opgeboeide zomp sterker, wat bij een grotere tonnenmaat nodig was, maar het schip was wel zwaarder. Een voordeel van deze constructie was dat men niet meer genoodzaakt was alle delen over de volle lengte uit één stuk te maken. Zo waren de schotten en de plecht vast en van eikenhout gemaakt in plaats van vurenhout. In de zijden van het vooronder zaten ruitjes, vaak in de vorm van ingelaten flessenbodems. In het vooronder bevond zich o.a. een vaste hooikist voor extra beddengoed. Verder waren er kastjes en de gebruikelijke vuurpot of een klein fornuisje. De mastdoft zat soms laag, zoals bij de Enterse zomp op hoogte van het berghout. Bij andere opgeboeide zompen zat de mastdoft aanmerkelijk hoger, waarbij de steekmast door een strijkbare mast, in een heuse mastkoker, was vervangen.

Dwars over het ruim lagen losse zogenaamde roembalken, waarover bij de lege zomp planken werden gelegd om bij het bomen als loopplank te dienen. De gedekte variëteit van de opgeboeide zomp bezat heuse luiken. Deze zompen hadden geen gangboord. De luiken lagen opzij gewoon op een aan de binnenkant van het boord aangebrachte balk. Deze luiken waren van voor naar achter genummerd en voorzien van de letters L en R, overeenkomend met bakboord en stuurboord. Sommige van deze zompen hadden een kort vast voordek dat doorliep tot achter de mast. Voor de mast lag dan uiteraard een kistluik om de voet van de mast met het contragewicht door te laten bij het strijken. De luiken hielden door hun simpele constructie het regenwater slecht tegen, zodat er dekkleden over de luiken gelegd moesten worden wanneer de lading niet nat mocht worden. De zwaarden van deze zompen waren beter beschermd dan bij de Lösse zomp. Dit was ook wel nodig, daar de zwaarden groter waren en meer wogen. Zo waren er losse zwaardklampen. Deze houten klossen waren met ijzeren beugels aan het boeisel bevestigd. Onder het berghout vlak boven de waterlijn bevonden zich nog wel eens strijkklampen.

Ook hadden de meeste van deze grote zompen zelleboorden (zetboorden), die los op het boord gezet werden. Het roer van deze zompen was smaller en hoger dan van de Lösse zomp en leek vrij sterk op het roer van een tjalk. In de meeste gevallen kon het met een takeltje opgetrokken worden, zodat de hak van het roer in ondiep water niet ergens achter kon blijven hangen.

Model opgeboeide zomp door Henk Picard. Schaal 1:50

Op de Vecht werd meer gezeild en getrokken, terwijl op de Regge meer werd geboomd. De Vecht had in tegenstelling tot de Regge een jaagpad. Bij het jagen op de rivieren gebruikte men een lijn van 90 m (= 50 vaam), terwijl op de Overijsselse kanalen een lijn van 40 vaam werd gebruikt. De opgeboeide zomp was vrij rank, zodat men met overleg moest trekken anders ging de romp om, vooral als ze leeg was.

Het tuig van de opgeboeide zomp was meestal groter en uitgebreider. Ze voerden hetzelfde spriettuig als de Entserse zomp. Het voorstag was wel vaak een ijzeren stang. Het grootzeil werd gebruikt met grote spriet, stender en strop. Voer de schipper alleen, dan werd de fok meestal niet gebruikt. Werd er zeil geminderd, dan ging het sprietzeil in zijn geheel omlaag. Er werd een kortere spriet halverwege in het achterlijk gepikt, de bovenste flap werd terug geslagen en tegen het voorlijk gebonden, waarna het zeil weer werd gehesen. Sommige zompen hadden een stelsel van drie boeilijnen om het sprietzeil, waardoor bij een opkomende bui het grootzeil in één keer dichtgetrokken kon worden. Naast dit sprietttuig zag men soms het gewone gaffeltuig, met een kromme gaffel, gecompleteerd door een stel bakstagen. Deze bakstagen waren wel bedoeld om de mast te steunen, maar vooral om zware lasten te takelen. Ook zag men wel een gaffelzeil, niet met een giek, maar met een stutter.

Model dubbele zomp door Henk Picard. Schaal 1:50

### Dubbele zomp
Dan was er nog de dubbele zomp, een opgeboeide gedekte zomp, groter dan 24 ton en met een vast achterdek met roefje. Deze dubbele zompen werden veelal met een paviljoen gebouwd. Vaak waren ze in het bezit van kluisborden en beretanden. In de roef vond men een fornuis, kasten en bedsteden. Deze roef was zo klein, dat het leven daar zeer primitief moet zijn geweest. Deze grote dubbele zompen waren voor en achter vaak voorzien van echte bolders.

*De opgeboeide zomp is een reconstructie, terwijl de dubbele zomp een reconstructie van een reconstructie is. Dat wil zeggen dat dit schip er zo uitgezien zou kunnen hebben!* aldus Schutten.

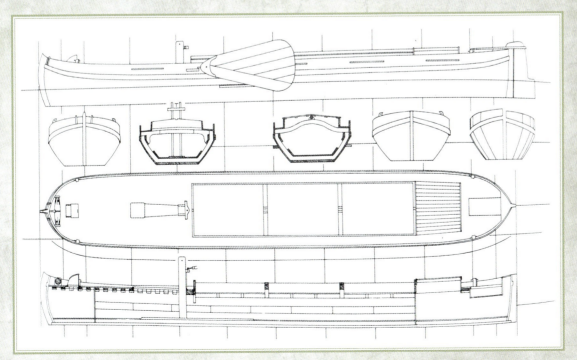

*Gerritdina.*
Uit: *Varen waar geen water is* door Gerrit Jan Schutten

## Het beurtschip *Gerritdina* ofwel de zomp van Havers

Deze voer op het beurtveer van Zwolle op Leeuwarden. Het volgende tekstdeel komt letterlijk uit *Varen waar geen water is*. Dit boek van Schutten is al lang uitverkocht en het leek me tegenover hem netjes in dit artikel 'zijn woorden' zoveel mogelijk letterlijk over te nemen.

In de jaren 1964/65 kwam Schutten in aanraking met oud-schipper Jan Havers in Zwolle, die met groot enthousiasme vertelde over de zomp van zijn vader, de *Gerritdina*. Deze zomp was bijna 22 m lang en 3,40 m breed. Zij had dezelfde indeling als alle grote schepen: een vooronder waar de knecht en een paar kinderen sliepen, de kisten, het ruim met de luiken, en achter een lage roef. Helemaal achter was een kastje en daarvoor was, verzonken in het stuurdek, de langsscheepse stuurbak van circa 60 x 120 cm.

Model Enterse zomp met laag tuig door Henk Picard. Schaal 1:50

Van 1885 tot 1914 gebruikte vader Havers deze zomp als beurtschip voor zijn beurtveer van Zwolle op Leeuwarden. In Zwolle lag de zomp in de Thorbeckegracht bij de Vispoortbrug en in Leeuwarden in de Grachtswal. Jan Havers roemde de snelheid van het schip. In Friesland had zijn vader er vele wedstrijden mee gewonnen. Deze zomp was behoorlijk overtuigd, want ze had een fors grootzeil, een fok en een kluiver. Daarnaast was er een jager, dit was een bol gesneden fok, die zo groot was, dat hij vanaf de top van de kluiverboom tot voorbij de wanten reikte. Ook was er een vlieger aan boord (een driehoekig zeil boven de gaffel) en een breefok (een razeil, dat echter alleen op de grote rivieren werd gebruikt). Het schip was erg zwaar gebouwd. De inhouten (leggers, krommers en oplangers) waren zeker 20 x 20 cm met ertussen maar een kleine ruimte. De buikdenning en de wegering waren 2 duim dik. Verder lag er een zwaar zaathout door het schip. De diepgang was leeg 2½ à 2¾ voet. Geladen was de diepgang 5 voet. Het water stond dan gelijk aan het dek. De den of rieswaring was zeker 50 cm hoog.

Deze zomp werd omstreeks 1835 gebouwd voor ene Portheine. Toen vader Havers de zomp kocht in 1885 was deze al 50 jaar, een oud schip dus.

Schutten is daarna nog twee maal bij schipper Havers thuis op bezoek geweest. Om meer gegevens over zijn beurtvaart van Nijverdal naar Zwolle te krijgen en uiteraard om nog meer over het schip te horen. Na het tweede bezoek kreeg hij helaas te horen niet langer welkom te zijn, omdat de oude schipper te emotioneel reageerde op de gesprekken. Zodoende is er minder informatie over het schip boven water gekomen, dan had gekund.

In 1849 wordt gesproken over beurtschepen met een diepgang van 2¾ - 3½ voet, nog zwaardere schepen dus. Maar er staat bij dat de meeste van deze schepen door lichtere zijn vervangen. In de achttiende eeuw had men beurtschepen die nog zwaarder gebouwd waren dan het schip van Havers. Dat zijn schip tot het lichtere type behoorde, blijkt uit een request van vijf schippers in 1846 om de monding van het Zwarte Water uit te diepen, aangezien hun schepen leeg 4½ voet en geladen 5 - 5¼ voet diep staken, aanmerkelijk dieper dan de *Gerritdina*. Schutten zegt in *Varen waar geen water is* dat een dergelijk schip ongeladen alleen een diepgang van 4½ voet kan halen als het geballast is. Dat wil zeggen, dat er lood tussen de leggers is gegoten. Met ballast onder in het schip bereikt men dat zo'n schip veel stabieler wordt en veel zeil kan voeren.

## Tot slot

De aanleiding tot deze bijdrage in *Scheepshistorie* is het feit dat ik na de bouw van twee modellen van de *Gerritdina* aan het twijfelen raakte over de verhoudingen van de romp. Ik was met het eerste model van de *Gerritdina* bij Schutten geweest om te horen of het goed was. De tekening laat zien dat er geen laadluik in het voordek zit. Alleen maar een uitwip voor de strijkbare mast. Het model was volgens Schutten correct, maar al kijkend kwam de opmerking: dat voordek is wel erg ruim, daar had best een laadluik in gekund, laden van het voorste deel van het ruim is wel erg veel gekruip. Daar heeft vast een luik gezeten wat me niet is opgevallen, maar je moet dat niet veranderen hoor, het model is goed zo. Dat Schutten onvoldoende informatie had kunnen vergaren, omdat hij niet meer welkom was, was jammer en zette mij verder aan het denken. Het bleef kriebelen bij mij, de bouwmal had ik nog, dus een tweede romp was niet zo ingewikkeld. Uiteraard heb ik dit model ook aan Schutten laten zien. Het feit dat ik een tweede model had gemaakt, verbaasde hem niet, daarvoor kenden we elkaar lang genoeg. Het gaf hem voldoening om te zien dat dit model een beter beeld gaf van de *Gerritdina*. Door zijn enorme kennis van de Nederlandse binnenvaartschepen, en vooral van de houten binnenvaartschepen, was hij voor mij een graag en veel geraadpleegde vraagbaak, maar helaas is hij niet meer onder ons.

Model *Gerritdina* door Henk Picard. Schaal 1:50

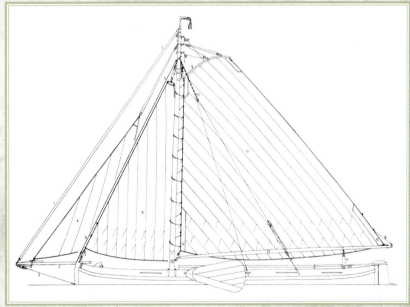

Tuig van de *Gerritdina*. Uit: *Varen waar geen water is* door Gert Jan Schutten

### Literatuur
1. Schutten, dr. G.J., *Varen waar geen water is* (uitgeverij Broekhuis-Hengelo 1981), inmiddels alleen tweedehands verkrijgbaar.
2. Schutten, dr. G.J., *Verdwenen Schepen* (uitgeversmij. Walburg Pers-Zutphen 2004).
3. Schutten, dr. G.J., *Mondeling contact van 1972-2018*.
4. Terhalle, Hermann, *Die Berkelschiffahrt* (Heimatvereins Vreden- 1975).
5. Hosmar, J. *De Spiegel der Zeilvaart* – rond 1985.
6. Publicaties in *Dagblad van het Oosten/Tubantia* - vanaf 1973.
7. Brochure *De Twickelder Schipvaart*. Uitgegeven ter gelegenheid van de expositie "t Nut van Delden 24-5 tot 22-6 1980.

Bezoek het Zompenmuseum in Enter. Voor info zie: http://www.enterserfgoed.nl/musea/het-zompenmuseum/

*Jan. G. Braaksma (1956-2015)*
*Bewerking: Henk van der Biezen*

# Restauratie van een Hoornse schouw

De Stichting De Hoornse Schouw werd in 1993 opgericht met als doel het behouden van de authentieke Hoornse vissersschepen en het bevorderen van de belangstelling voor de geschiedenis van de Hoornse visserij. Centraal in dit artikel staat de Hoornse zeeschouw HN20.

De vissers uit Hoorn hadden rond 1900 hun werkterrein op de Zuiderzee waar ze met een keur aan kleine schepen op haring, ansjovis, paling, spiering, garnaal en platvis visten. Met een veertigtal schepen bezetten ze daarmee een bescheiden plaats tussen vissersplaatsen als Urk, Lemmer, Marken en Volendam. Als schepen gebruikten ze kleine botters, kleine Wieringeraken en fuikenboten. Uit de bestekboeken van de werf Zwolsman is te lezen dat ene W. Zant daar in 1902 een aakje kreeg opgeleverd. Dit schip had een lengte/breedte van 30/11,5 voet (8,50/3,25 meter). De slechte jaren in de visserij, 1910 - 1920, lieten ook in Hoorn hun sporen na en de ene na de andere visser moest ermee stoppen. Voor de vissers die wisten te overleven was de Wierda zeeschouw de oplossing. Het goedkopere schip werd met open armen ontvangen en maar liefst 4 van de 26 door Wierda gebouwde zeeschouwen vonden, direct van de bouwer, hun weg naar Hoorn. Jaartallen en eigenaren: 1913 - Jan Wormsbecher; 1916 - Nicolaas Sant; 1916 - Jan Veldhuis, 1917 - Dirk Eilander.

De Hoornse zeeschouw *HN20* vol onder zeil

De prijsontwikkeling voor de bouw van een zeeschouw was fors te noemen. Uit de boeken van de Gebr. de Boer uit Lemmer is te lezen dat een 7 meter schouw in 1910 fl 350,- kostte maar dat er in 1912 al fl 555,- voor een zeeschouw van 8,25 meter werd betaald. In 1914 kwam daar nog eens fl 100,- bovenop terwijl tien jaar later die prijs meer dan verdubbeld was en moest er voor een zeeschouw van 8,50 meter maar liefst fl 1.575,- worden neergeteld.

Vanaf 1930 begon men hulpmotortjes in de schouwen te plaatsen en wat later stapte men volledig over op motorvermogen. De vloot werd langzaam maar zeker uitgerust met de gloeikoppen van Kromhout, Brons of Bolinder. Daar het in deze jaren beter ging in de visserij zag men ook dat de vissers weer wat durfden te investeren. De schouwen werden langer en groeiden door tot 10 à 11 meter.

Uit deze periode stamt ook de bijnaam voor de Hoornse schouw: de spekbak. De voor een Hoornse visser denigrerende betiteling wordt tegenwoordig meer als een compliment beschouwd. Indirect vond nog een tweetal zeeschouwen van Wierda de weg naar Hoorn. De eerste was tevens de eerste zeeschouw die in Hoorn te zien was en wel in 1911. Deze schouw werd door de Friese visser A. Wolda (*HN 11*) gekocht. Het moet een houten zeeschouw zijn geweest want hij was 'overijzerd' en kwam bij Wierda vandaan. Overijzerd is dat het schip aan de buitenkant met dun blik was bekleed om verdere rotting van het onderliggende hout tegen te gaan. Het werd ook wel doodskleed genoemd. Nadeel van deze methode was dat het hout verstikte en het rottingsproces niet stopte.

Een tweede ofwel de zesde Wierda schouw die in Hoorn terechtkwam, werd door de familie Blokker gekocht van een visser uit Durgerdam aan welke plaats Wierda drie zeeschouwen leverde. Aangezien dit schip niet stabiel was werd het vrij snel (1916) omgeruild voor een ijzeren schouw die bij de werf van Jaap Heymen in Enkhuizen werd gebouwd. IJzeren zeeschouwen werden naast Heymen bij de scheepswerf van Goor te Monnickendam gebouwd.

De overstap die Blokker maakte was kenmerkend voor de toekomst van de zeeschouw die kort daarna alleen nog maar in ijzer (staal) verkrijgbaar was. Het type werd toen op verschillende werven rond de Zuiderzee gebouwd voor de vissers maar voor Hoorn was de overstap compleet. In 1944 telde de Hoornse vissersvloot 19 schepen waarvan er 17 van het type zeeschouw waren.

De werf van Goor te Monnickendam, op de voorgrond wordt aan een schouw gewerkt

Het Centrum Varend Erfgoed; op de voorgrond één van de Hoornse schouwen en daarachter is de ruimte te zien waar mogelijk de helling kan of zal?? worden gebouwd

Het onderhoud aan de ijzeren schouwen was in vergelijking met de houten schepen relatief goedkoop.
Na de Tweede Wereldoorlog verdween de visserij geleidelijk. De weinige schouwen die nog actief waren ondergingen een gedaanteverwisseling, het motorvermogen steeg en de mast verdween. Daarnaast kregen ze een opbouw achter het vooronder waardoor men onder betere omstandigheden kon werken. Op het moment dat de Stichting de Hoornse schouw in het leven werd geroepen, waren er nog maar drie schouwen in Hoorn te vinden waarvan er twee, de *HN1* en de *HN20* actief in de visserij waren. De derde, de *HN53*, was al verbouwd tot jacht.

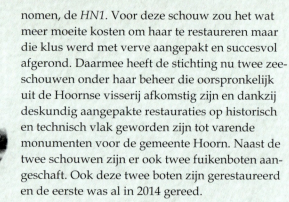

Op de *HN20* waren de minste veranderingen aangebracht en dit schip werd dan ook aangeschaft met de bedoeling haar terug te brengen in de oorspronkelijke vorm wat relatief weinig geld zou kosten. De subsidies hiervoor kwamen onder andere bij de gemeente Hoorn vandaan waar de realiteit was doorgedrongen dat het rijke visserijverleden van de stad levend gehouden moest worden. Twee jaar is men met de restauratie van de *HN20* bezig geweest waarna ze op 24 juni 1995 feestelijk in gebruik kon worden genomen. In datzelfde jaar werd een tweede schouw overgenomen, de *HN1*. Voor deze schouw zou het wat meer moeite kosten om haar te restaureren maar die klus werd met verve aangepakt en succesvol afgerond. Daarmee heeft de stichting nu twee zeeschouwen onder haar beheer die oorspronkelijk uit de Hoornse visserij afkomstig zijn en dankzij deskundig aangepakte restauraties op historisch en technisch vlak geworden zijn tot varende monumenten voor de gemeente Hoorn. Naast de twee schouwen zijn er ook twee fuikenboten aangeschaft. Ook deze twee boten zijn gerestaureerd en de eerste was al in 2014 gereed.

De gemeente realiseert zich maar al te goed wat de betekenis is van varend erfgoed voor de stad. Het heeft een enorm zuigende aantrekkingskracht voor toeristen. Om dat belang verder uit te diepen zijn ze in 2012 gestart met het Centrum Varend Erfgoed. Het Centrum Varend Erfgoed moet niet alleen onderdak bieden aan de Hoornse zeeschouwen maar ook aan eigenaren van botters, aken en tjalken. Daarnaast hebben de stichting Zeilend Bedrijfsvaartuig Hoorn en het museum van de Twintigste Eeuw er een plek gekregen. Een plek

Een Bolinder motor

**Linksonder:**
De opbouw achter het vooronder

**Rechtsonder:**
Eén van de fuikenboten van de Stichting

Nadat het haringvissen was gestopt stapte De Beer volledig over op de IJsselmeervisserij waar hij met fuiken op paling viste langs de Afsluitdijk. De familie De Beer had Den Oever verruild voor Medemblik omdat zijn vrouw er niet kon wennen. De schouw voer daar tot 1947 onder het visserijnummer *ME30*. Willem stapte in dat jaar over op een groter schip, een motorkotter van 16 meter. De schouw werd verkocht aan zijn jongere broer, Jan de Beer, die in Hoorn was blijven wonen. Jan viste samen met zijn zoon Arend de Beer met het aalhoekwand op een bottertje en ze konden de schouw voor fl 5.000,- overnemen van

**Links:**
Een demonstratie tanen

waar de Zuiderzeevisserij en de handelsvaart de geschiedenis voor het publiek zichtbaar kunnen maken door middel van open dagen, taandagen en visserijdagen. Hoewel nog niet gebouwd is er ruimte vrijgehouden om een helling te bouwen zodat er schepen op het droge getrokken kunnen worden voor onderhoud.

### De *HN20* - een spekbak met geschiedenis

De schouw *HN20* is in 1934 bij de scheepswerf van Goor gebouwd als een zeilvaartuig met hulpmotorvermogen en is tot aan de overdracht aan de Stichting Hoornse Schouw, in 1993, eigendom geweest van de familie De Beer. Het was Willem de Beer die Van Goor de opdracht gaf het schip te bouwen en onder het visserijnummer HN 12 werd de schouw te water gelaten. Hij viste met de schouw op haring met een haringkom bij Wieringen en dit resulteerde er in dat hij rond 1936 verhuisde naar Den Oever. De schouw kreeg hier het nummer WR 300.

Komvisserij op de Waddenzee

Er wordt druk geslepen aan de *HN20*; duidelijk zichtbaar zijn de klinknagels en de gaten waar nog klinknagels geplaatst moeten worden

Bij de kommenvisserij viste men op de Waddenzee op Zuiderzeeharing. Op het wad werden grote netten in een ovale vorm opgesteld met een ingang bij het geleidewant. Er achter stonden nog twee kamers, door openingen met elkaar verbonden. Dit laatste hok of 'kom' bestond uit een bak van 12 bij 6 meter met een bodem. Hier verzamelde de vis zich bij laag water. De bodem kon losgezet worden, zodat je het net vanaf de voorkant omhoog kon trekken en de haring levend en wel opgeschept kon worden. Met het afsluiten van de Zuiderzee stierf de Zuiderzeeharing uit en daarmee ook deze manier van vissen.

**Boven v.l.n.r.:**
- Nieuwe spanten en een nieuw vlak
- Het achterschot en het voordek, tevens zijn de opstappers naar het voordek geplaatst
- Een nieuwe afscheiding naar het vooronder en het boeisel is inmiddels weer verlaagd

**Rechts:**
Het houten voordek, in 1962 verwijderd, is weer terug aangebracht

**Linksonder:**
De kuip met de bun, de zware Samofa motor is verwijderd

**Rechtsonder:**
Zicht naar achteren; de gereviseerde Volvo motor is teruggeplaatst

Oom Willem. De schouw was net iets handiger dan de botter maar ook de ouderdom en dus het duurdere onderhoud van de houten botter speelde een rol.

De oude benzinemotor werd vervangen door een Turner dieselmotor. Deze was al door Willem gekocht en kwam dus met het schip mee, maar moest nog worden ingebouwd. De motor moest worden aangeslingerd en vooral 's winters was dat een hels karwei. In 1952/1953 werd een startmotor op de Turner gezet maar dat bleek slechts een kleine verbetering. Er moest nog altijd geslingerd worden, zij het minder. In de eerste jaren van de oorlog werd nog op bot gevist maar in 1949 ving men zoveel wolhandkrab dat het botvissen werd gestopt. Daarna werd in het voorjaar en in de zomer op paling gevist en de rest van het jaar op snoekbaars. Tot eind jaren vijftig werd deze vissoort met het sleepnet gevangen maar na een verbod hierop alleen nog maar met staande netten. Het is aan het snoekbaarsslepen te danken dat de mast, de zwaarden en het zeiltuig nog bij de schouw bewaard gebleven zijn, want het slepen deed men nog geheel op windkracht.

In 1960 werd de Turner vervangen door een Samofa motor met een keerkoppeling zonder reductie. De overschakeling op het staande want

opende de deur voor verdere modernisering van de schouw. Mast en zeilen verdwenen in 1962 en het boeisel werd rondom met 30 centimeter verhoogd. Daarmee kwam ook de plecht omhoog en werd nog een buiskap boven de bun gezet. De houten plecht werd vervangen door een ijzeren en een paar jaar later werd het houten roer vervangen door een ijzeren roer dat geheel onder water zat. Na het overlijden van Jan de Beer in 1963, nam zijn zoon Arend het schip en de visserij over. Vrijwel uniek was dat zijn vrouw Nel de plek van zijn vader aan boord innam. Tot aan de geboorte van hun zoon Jan in 1964, visten zij samen. In de periode tot aan 1971 zijn, vanwege rugklachten bij Arend, er diverse knechten en zetschippers aan boord geweest. Wel werd in 1970 de motor vervangen door een Samofa met een reductiekoppeling.

# Restauratie van een Hoornse schouw

In 1971 stapte Arend, na jaren thuis te hebben gezeten, weer aan boord en opnieuw met Nel naast hem en dat hebben ze de volgende 12 jaar samen gedaan. Beide zoons hadden in eerste instantie een andere beroepsrichting gekozen maar ze hadden toch het vissen in het bloed zitten. In 1983 kwam als eerste de oudste zoon Jan aan boord en kon Nel weer thuisblijven. Hij werd in 1985 gevolgd door zijn jongere broer Arend jr. waardoor ook Arend sr. thuis kon blijven en zijn zwakke rug kon sparen. De jongens wilden echter een wat groter schip en kochten een jaar later de St 1, een 10,5 m lang schip met een 120 PK motor.
De schouw, het rooie scheepje zoals ze het noemden, kwam voor de kant te liggen. Pas in 1993 was Arend sr. bereid de schouw te verkopen met het vooruitzicht dat het schip in oude glorie zou worden hersteld.

### Verantwoording
Enkele jaren geleden heeft Jan Braaksma mij een aantal verhalen toegestuurd waarvan wij er destijds al verschillende in *Scheepshistorie* hebben gepubliceerd. Inmiddels was hij begonnen aan zijn boek *'Blazers, Blazers en nog eens Blazers'* (ISBN 978-90-8616-144-7) maar nog voor de uitgave daarvan door Lanasta, overleed Jan plotseling. Ik had toen nog een aantal verhalen van hem liggen die te mooi zijn om niet alsnog te publiceren. Destijds mocht ik zijn teksten redigeren en dat heb ik nu ook voor het verhaal over de restauratie van de Hoornse schouw *HN20* gedaan. Ik beschouw het als een postuum eerbetoon aan Jan G. Braaksma.

Het schip, volledig opgetuigd en van zeilen voorzien, gaat het IJsselmeer op voor een eerste proefvaart

***Linksboven:***
De betimmering van het vooronder is afgerond

De *HN20* weer terug in het water, wordt opgetuigd

*Dirk J. Tang*

# Van clipsluiting tot slagschip

Stel dat je van plan bent een schaalmodel te maken van een slagschip en dat je daarvoor geen bestaande (plastic) bouwdoos wil gebruiken. Stel dat de schaal van het slagschip niet 1/300, 1/72 en ook geen 1/1200 moet worden, maar 1/2400. Aan welk basismateriaal voor de bouw denk je dan? Plastic, hout, karton, papier, metaal?
Ik durf de weddenschap wel aan, dat een doorsnee-modelbouwer niet denkt aan clipsluitingen die de bakker gebruikt om plastic broodzakken af te sluiten. Die piepkleine stukjes gekleurd plastic die na hun nuttig gebruik aan een zwerftocht door de keuken en de wereld beginnen. Je komt ze overal tegen, soms als scheepsmodel.

De nederige clipsluiting van de bakker op de hoek

Inderdaad, een scheepsmodel in 1/2400. Dat is een schaal die het uiterste vraagt van bouwer en beschouwer, te beginnen met een bovenmatig fijne motoriek om het model te maken. Daarbij hebben we het nog niet eens over de ogen van een arend die nodig zijn om het model goed te bekijken (2). Enkele jaren geleden kwam ik in contact met een man die over die beide vaardigheden beschikt. Hij bouwde op verzoek van zijn broer de schepen voor het boek *Far and Faintly* dat ook in deze *Scheepshistorie* wordt besproken. In deze bijdrage zal ik dat toelichten.

### De bouwende broer

Matt Klimazewski, de bouwende broer van Mark Klimazewski, de schrijvende broer, studeerde af aan het Canadian Royal Military College en diende bij de Canadese marine. Na enige tijd stapte hij over van de zee naar het vaste land. Bij de Canadian Special Service Force begon hij een carrière als instructeur bij de Royal Canadian Artillery.

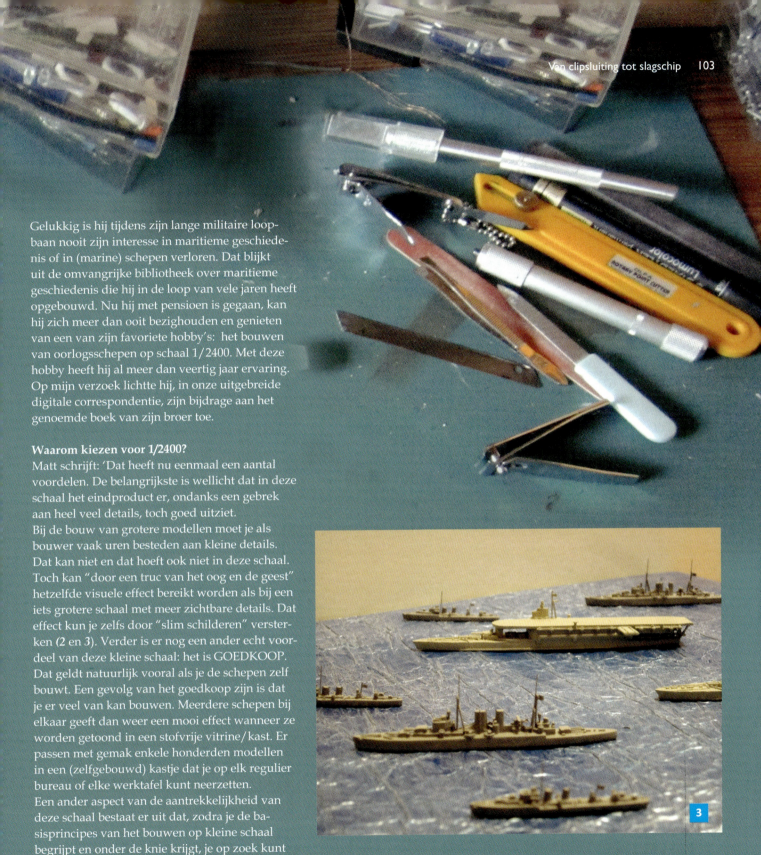

Gelukkig is hij tijdens zijn lange militaire loopbaan nooit zijn interesse in maritieme geschiedenis of in (marine) schepen verloren. Dat blijkt uit de omvangrijke bibliotheek over maritieme geschiedenis die hij in de loop van vele jaren heeft opgebouwd. Nu hij met pensioen is gegaan, kan hij zich meer dan ooit bezighouden en genieten van een van zijn favoriete hobby's: het bouwen van oorlogsschepen op schaal 1/2400. Met deze hobby heeft hij al meer dan veertig jaar ervaring. Op mijn verzoek lichtte hij, in onze uitgebreide digitale correspondentie, zijn bijdrage aan het genoemde boek van zijn broer toe.

**Waarom kiezen voor 1/2400?**
Matt schrijft: 'Dat heeft nu eenmaal een aantal voordelen. De belangrijkste is wellicht dat in deze schaal het eindproduct er, ondanks een gebrek aan heel veel details, toch goed uitziet. Bij de bouw van grotere modellen moet je als bouwer vaak uren besteden aan kleine details. Dat kan niet en dat hoeft ook niet in deze schaal. Toch kan "door een truc van het oog en de geest" hetzelfde visuele effect bereikt worden als bij een iets grotere schaal met meer zichtbare details. Dat effect kun je zelfs door "slim schilderen" versterken (2 en 3). Verder is er nog een ander echt voordeel van deze kleine schaal: het is GOEDKOOP. Dat geldt natuurlijk vooral als je de schepen zelf bouwt. Een gevolg van het goedkoop zijn is dat je er veel van kan bouwen. Meerdere schepen bij elkaar geeft dan weer een mooi effect wanneer ze worden getoond in een stofvrije vitrine/kast. Er passen met gemak enkele honderden modellen in een (zelfgebouwd) kastje dat je op elk regulier bureau of elke werktafel kunt neerzetten.
Een ander aspect van de aantrekkelijkheid van deze schaal bestaat er uit dat, zodra je de basisprincipes van het bouwen op kleine schaal begrijpt en onder de knie krijgt, je op zoek kunt gaan naar goedkope bouwmaterialen die je met eenvoudig gereedschap kunt bouwen. Daarna is het een kwestie van doen, eindeloos veel doen. Vaardigheid komt door praktijk!'

Een deel van de door Matt gebouwde vloot

### Een boekje over bouwen in 1/2400?

Het enthousiasme van Matt bracht hem ertoe om zijn bouwervaringen te bundelen in een vlot geschreven boekje vol praktijkervaringen en tips. Matt vervolgt: 'Het is leuk om mijn ervaringen door te geven en daarom ben ik begonnen met het schrijven van een boekje over hoe je modellen op deze kleine schaal kunt bouwen. Dat kan heel goedkoop met materiaal dat je in elk huishouden kunt vinden. Ik gebruik gereedschap bij het bouwen dat daar niet voor is ontworpen maar toch uitstekend voldoet. Ik ben daar ooit mee begonnen uit geldgebrek. Als jonge vader restte mij niet veel geld om aan mijn hobby uit te geven Mijn boek over scheepsmodellen is nog niet voltooid, er zijn nog slechts twee hoofdstukken te gaan maar het had al "eeuwen" geleden klaar moeten zijn. Ik werd echter afgeleid vanwege het schrijven van andere boeken. Misschien lukt het dit voorjaar (2022) om het af te maken, al ga ik me eerst bezighouden met het bouwen van meer scheepsmodellen'.

### De schepen bij het boek

'Ja, ik heb alle schepen gebouwd die een rol spelen in het boek van mijn broer. Dat zijn er heel veel en die zijn niet allemaal gebruikt. Ik heb ook een Australische vloot gemaakt, maar om praktische redenen, zijn die schepen niet in het boek gebruikt *(4)*.

Veel plezier heb ik gehad bij het bouwen van de Nederlandse vloot en in het bijzonder met de bouw van de slagkruiser-vliegdekschepen.' In zijn boek besteedt Mark uitgebreid aandacht aan de ontwikkeling en bouw van deze hybride schepen, dus daar hoef ik het hier niet over te hebben. Ik heb me geconcentreerd op de bouw van deze schepen.

'De Nederlandse torpedobootjagers vond ik heel bijzonder omdat ze een watervliegtuig aan boord hadden. Zoals bij de torpedobootjagers van veel landen, hadden deze schepen om identificatie op grote afstand mogelijk te maken, de initialen van hun naam in grote letters op hun boeg geschilderd. Dat heb ik ook op deze modellen geprobeerd *(5)*. Heel mooi zijn verder de schepen van de De Ruyter-klasse kruisers. Natuurlijk was er maar één De Ruyter in het echt, maar het was zo'n mooi ontwerp dat mijn broer zich voorstelde dat de Nederlanders er meerdere zouden hebben en heb ik er dus meer gebouwd *(6)*. Ten slotte heb ik twee kleine lichte kruisers van de Tromp-klasse gemaakt. Dat heb ik gedaan met aangepaste kits van de firma PANZERSCHIFFE. Erg goed vind ik ze niet *(7)*.'

Werktafel met gewoon en onalledaags gereedschap

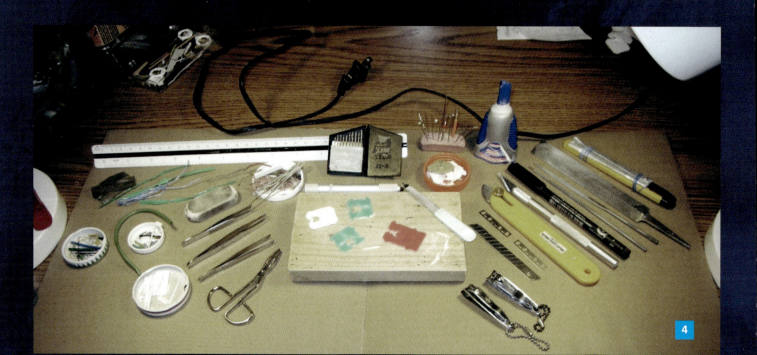

4

Een Nederlandse torpedobootjager, met vliegtuig. (NB De Canadese Penny dient om de schaal te benadrukken)

### Tot slot

'Van meet af aan was het plan om foto's van de modellen van Matt als illustratiemateriaal bij het boek te gebruiken. Toen de vloot (bijna) klaar was ging Mark aan de slag met zijn camera en met Photoshop. Hij bewerkte de foto's zodanig dat het een soort contemporaine zwart-wit 'fake' opnamen werden van de zeeslagen en gevechten die in het boek worden beschreven.

Als buitenstaander was ik zeer onder de indruk van de 'antieke' actiefoto's die hij van deze schepen maakte voor zijn historische roman en verbaasde me erover hoe levensecht sommige waren – het leken foto's te zijn van enorme slagkruisersvliegdekschepen op zee. Ik wist echter dat het in feite een klein model was van slechts 7 cm lang; het was zeker goed gedaan (8).'

Dat laatste lijkt me een wel erg bescheiden opmerking. Alleen als de lezer goed kijkt, kan die zien dat de afgebeelde en al of niet in rook gehulde schepen, niet echt maar modelschepen zijn. Maar dat doen heel veel lezers niet zo blijkt uit de fanmail die broer Mark uit alle delen van de Engelssprekende wereld krijgt. In die fanmail krijgt hij regelmatig de vraag voorgelegd hoe hij toch aan de zeldzame opnamen (9) is gekomen.

En er is nog een leuk en onvoorzien gevolg van de bouw van de slagkruiser-vliegdekschepen. De drie modellen hebben als voorbeeld gediend voor een professionele kunstenaar/illustrator. James A. Flood maakte op basis van de modellen het schilderij dat voor de omslag van het boek werd gebruikt. Hij wist het minimodel in zijn weergave een imposante uitstraling te geven die in niets herinnert aan het de wel zeer eenvoudige afstamming van dit machtige slagkruiser-vliegdekschip, een anonieme clipsluiting (zie *1* op pagina 102).

De kruiser Hr.Ms. *De Ruijter*

Hr.Ms. *Tromp*

Hr.Ms. *Johan de Witt*

Hr.Ms. *Schooneveld*

*Dirk J. Tang*

# Far Aft and Faintly
# (Ver naar achteren en zwakjes)
## Een bijzonder boek

Twee jaar terug zag ik in een middelgrote boekwinkel in Colorado (VS) een fors hemelsblauw-kleurig boek liggen. De titel Far Aft and Faintly zei me, net als de naam van auteur Mark Klimazewski, weinig. Het was vooral de afbeelding op het omslag die de aandacht trok. Die toont een merkwaardig oorlogsschip dat in volle vaart langskomt. Het is een hybride oorlogsschip en dat zie je niet vaak.

Toen ik het 447 bladzijden tellende boek met tekst, foto's en lijntekeningen begon door te bladeren, raakte ik echt geïnteresseerd. Het was niet zomaar een hybride oorlogsschip dat mijn aandacht had getrokken. Het was een afbeelding van Hr.Ms. *Cornelis de Witt*, een tot een hybride vliegdekschip omgebouwde Nederlandse slagkruiser. En het werd nog gekker. Het bijzondere schip - zo las ik al snel - stond onder commando van viceadmiraal Maarten Danielszoon Sweers die als commandant van een Nederlands vlooteskader op 8 december 1941, in de Zuid-Chinese Zee, een keizerlijke Japanse invasievloot tot zinken bracht! Huh? Een dag na de Japanse aanval op Pearl Harbor? Hoe zit het dan met de Slag in de Javazee? Hadden we die destijds dan toch gewonnen?

### Historische fictieboeken
Bij historische fictieboeken is de inhoud (deels) gebaseerd op waargebeurde feiten en een 'echte' historische achtergrond. Om het spannender te maken zijn door de auteur verzonnen figuren of gebeurtenissen toegevoegd. Binnen dit genre boeken is nog een subgenre te onderscheiden: dat van de 'wat als of what if boeken'. Dat zijn boeken die bij voorbeeld beschrijven wat de gevolgen zouden zijn geweest als de geallieerde invasie van Europa op 6 juni 1944 was mislukt of wat er zou zijn gebeurd als de Duitse legers in december 1941 Moskou wel zouden hebben veroverd of welke muziek we zouden kunnen beluisteren als de Beatles niet uit elkaar waren gegaan.

Van belang om te weten is dat bij dit laatste genre de auteur zich terdege heeft verdiept in de beschreven fictievraag. Een mogelijk alternatief scenario is dan ook met controleerbare gegevens gedocumenteerd en onderbouwd. Een paar jaar geleden waren deze historische 'wat als' boeken populair bij een deel van het lezend publiek en nu lijkt het er op dat dit genre een beetje uit de belangstelling is geraakt. Verdwenen uit de boekwinkels zijn ze echter zeker niet.

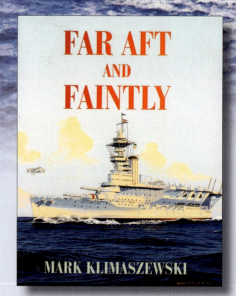

Omslag *Far aft and faintly*. Een 'wat-als' boek

De Hr. Ms *Johan de Witt*, in volle vaart op weg naar de Japanse vloot. (NB: afbeelding niet in boek opgenomen)

Sommige van zijn beweringen zijn feitelijk onjuist. Zo beschrijft hij (het is dan 1939) dat de 'Indische plantage' van de familie Sweers al meer dan drie eeuwen in hun handen is. Dat zou dan terugrekenend, betekenen dat die 'plantage' rond 1600 moet zijn ontstaan en dat is niet geloofwaardig. Het is ook onjuist, zoals hij elders meldt, dat de 'Nederlandse admiraliteit' sedert (alweer) drie eeuwen in Rotterdam heeft gezeteld. Zo is er nog een aantal aan de Nederlandse geschiedenis gekoppelde zaken die niet helemaal kloppen en die laten zien dat het boek een kritische Nederlandse redacteur heeft gemist.

Verder is er niet echt een romancier aan de man verloren gegaan, maar als de lezer zijn soms wat houterige stijlbloempjes voor lief neemt en ook een oogje dichtknijpt bij het verhaspelen van Nederlandse namen, kan er zeker nog een hoop lol aan het boek worden beleefd, want echt storend is het niet. Dat gold in elk geval voor mij.

### Wat zijn hybride (oorlogs)schepen?

Het Woordenboek der Nederlandse Taal (WNT) geeft de volgende verklaring van het woord hybride: 'bastaard, te weten plantenvariëteit door kruising van soorten of variëteiten verkregen'. Dat ligt iets anders in Groot-Brittannië, het land waar het woord in de Oxford English Dictionary wordt beschreven als: 'anything derived from heterogeneous sources, or composed of different or incongruous elements'. Ruw vertaald: alles dat is samengesteld uit verschillende bronnen. Dat lijkt een passender beschrijving als het om wapensystemen (oorlogsschepen) gaat dan een verwijzing naar een plantenvariant.

Een hybride oorlogsschip bestaat uit twee verschillende scheepstypen die hun specifieke functies combineren tot een nieuw type schip. Heel concreet een combinatie, een samensmelting van artillerie (scheepskanonnen) en een vliegdek. De vraag rijst dan dadelijk: Waarom zou een verstandig iemand dat willen doen? Gaat de ene functie niet ten koste van de andere? Als er kanons worden geofferd om een (klein) vliegdek te maken, blijft er dan voldoende vuurkracht over? En omgekeerd, levert een klein vliegdek voldoende 'luchtmacht' op en was het dan niet beter om meer vuurkracht te hebben? Het is voor te stellen dat deze vragen tot hevige discussies in de kombuis hebben geleid en niet alleen daar.

Naast het what-if genre is een kwaadaardige vorm ontstaan, die van de 'alternative facts', die door sommige Amerikaanse politici en hun volgers wordt verspreid. Daarbij geldt dat de ongemakkelijke waarheid wordt aangepast aan de gewenste uitkomst. Dat gebeurt zonder degelijke onderbouwing en je zou het ook gewoon liegen kunnen noemen, maar zo werkt dat niet in Amerika.

Het boek *Far Aft and Faintly* behoort thuis in de categorie betere wat-als boeken. Mark Klimaszewski, opgeleid tot scheepsarchitect, heeft vijfendertig jaar praktische ervaring in civiele en marine scheepsbouw en een grote belangstelling voor de Nederlandse maritieme geschiedenis. Dat is te merken, hij is niet iemand 'van de straat', zo lijkt het. Zijn kennis van scheepsbouw blijkt uit de lijntekeningen en technische beschrijvingen in het boek en ook zijn historische 'aankleding' van het lopende verhaal maken het geloofwaardig, al is hier en daar verhaaltechnisch wel wat op aan te merken.

Nederlandse vliegtuigen vallen Japanse zware kruisers aan. (NB: afbeelding niet in boek opgenomen)

Ook in de politieke arena was de bouw van hybride oorlogsschepen in de vooroorlogse jaren een onderwerp van discussie en strijd in vergaderzalen en vakbladen. Politici en andere budgetbewakers zagen grote mogelijkheden om te bezuinigen op defensie-uitgaven. Het nieuwe scheepstype was het zuinige antwoord op de vraag: Bouwen we twee schepen of combineren we twee taken op één schip? En dan waren er nog de verdragsbepalingen die voortvloeiden uit conferenties, zoals de Washington Naval Conference (1921-22) die tot doel had oorlogsvloten in omvang te beperken.

Wellicht vormde experimenteerdrift bij scheepsontwerpers en bouwers eveneens een factor en dan moeten we niet allerlei avontuurlijke fantasten vergeten die altijd en overal opduiken. [1]

### Opstijgen en landen vanaf en op een schip

In november 1910 probeerde de Amerikaanse Marine piloot, Eugene Ely voor de eerste keer in de geschiedenis op te stijgen van een (voor anker liggend) Amerikaans marineschip. Het ging ternauwernood, landen moest hij op het strand. Pas een aantal maanden later lukte het hem ook op een marineschip te landen. Even leek de combinatie schip en vliegtuig goed uitvoerbaar, maar al even snel bleek dat opstijgen van en landen op een schip een levensgevaarlijke en bijna onmogelijke zaak bleef. Wel was het eerste succes het begin van een langzame ontwikkeling om van een gammel platform op te stijgen en daarna te landen. Intussen bleef het veel praktischer om met watervliegtuigen te werken, die met behulp van kranen op en uit het water konden worden getild.

Het uitbreken van de Eerste Wereldoorlog in 1914 zorgde voor een versnelling bij de vliegtuig/schip-experimenten. Langzaam ontwikkelden zich twee soorten offensieve, met vliegtuigen uitgeruste oorlogsschepen. Schepen met zware kanons en een paar (water) vliegtuigen aan boord en schepen met uitsluitend (water)vliegtuigen aan boord en lichte kanons.
Bij deze schepen moet dan weer onderscheid gemaakt worden tussen schepen die in staat waren om vliegtuigen vanaf het schip te laten opstijgen (lanceren) en schepen die middels een kraan eerst een watervliegtuig overboord moesten zetten, waarna de vliegtuigen vanaf het water konden opstijgen. In beide gevallen was het voor vliegtuigen onmogelijk om op de schepen te landen. Voor de niet-watervliegtuigen betekende dit dat ze in de buurt van het (moeder)schip een gecontroleerde crash op het water moesten maken. Meestal ging het vliegtuig daarbij verloren en soms overleed de piloot. Bij watervliegtuigen ging dat iets beter. Die konden gecontroleerd op water landen om daarna weer bij het stilliggende moederschip aan boord te worden gehesen. Al met al omslachtige en gevaarlijke operaties omdat een stationair schip nu eenmaal een eenvoudige prooi voor een vijandelijke onderzeeboot is. [2]

De Britse HMS *Furious* was in 1917 het eerste oorlogsschip dat specifiek werd ontwikkeld om vliegtuigen vanaf een dek te laten opstijgen en landen. Het was een hybride schip omdat het vliegdek was gebouwd op de romp van een slagkruiser. Na een verbouwing waren de voorste zware kanons vervangen door een houten vliegdek met een onderliggende hangar. De achterste zware kanons bleven 'gewoon' functioneren. Het resultaat van deze ingreep was een tweeslachtig schip waarbij in de praktijk bleek dat opstijgen en landen gevaarlijk bleef. De juiste oplossing werd gevonden in een nieuwe verbouwing waarbij tevens de achterste kanons werden vervangen door een vliegdek en een hangar. De schoorsteen en de brug bleven echter centraal-midscheeps. Wel werd er een smal houten dek om de brug en schoorsteen gebouwd waardoor het mogelijk werd om vliegtuigen, heel moeizaam, van voor naar achter te verplaatsen. Het bleef behelpen en bovendien leverde deze constructie op dat er een onberekenbare turbulentie ontstond op de

---

1   Layman, R.D., McLaughlin, S, *The Hybrid Warship, The amalgamation of big guns and aircraft* (Conway, London 1991).

2   Layman, R.D. *Before the Aircraft carrier, the development of aviation vessels 1842-1922*, London 1989.

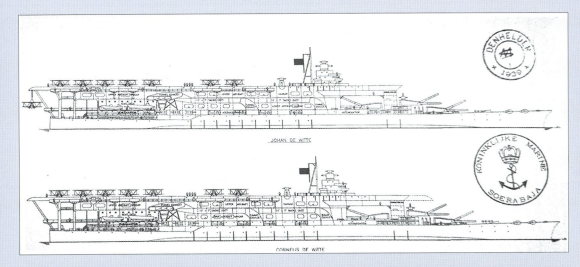

Bouwtekeningen van de *Johan* en *Cornelis de Witt*

twee niet-doorlopende vliegdekken. Er was maar een oplossing mogelijk: de *Furious* moest terug naar de werf en de tekentafel. Pas in 1919 werden schoorsteen en brug verplaatst zodat een doorlopend vliegdek ontstond.

**Het boek**
Het boek begint in 1981 met een toevallige ontmoeting op een bankje in Canada. Kort weergegeven ontmoet Mark Klimaszewski daar Maarten Danielszoon Sweers, een oudere Nederlandse heer. Sweers is niet alleen oud maar ook een bijzondere man die na de Tweede Wereldoorlog naar Canada is geëmigreerd. In het gesprek wordt duidelijk dat Sweers in de jaren dertig betrokken was bij de ontwikkeling van een nieuw scheepstype voor de Nederlandse Marine. Toen de ontwerpen waren gebouwd, werd hij commandant van een Nederlands vlooteskader dat in 1939 samen met twee van deze schepen naar Nederlands-Indië werd gestuurd.

De auteur is zo onder de indruk van deze onbekende geschiedenis dat hij voorstelt een boek over het interessante leven van Sweers te maken. Sweers stemt daarmee in en na nog heel wat gesprekken arriveert een paar maanden later een kist met documenten en andere memorabilia bij de schrijver. Hij kan gedocumenteerd aan het werk.
Intussen is er in Canada een economische crisis ontstaan, het contact met Sweers verwaterde en van het schrijven van een boek komt niets. Het duurt nog jaren (2001) voordat de schrijver op een Amerikaanse scheepssloperij een paar stokoude, Nederlandssprekende, mannen ontmoet. Zij komen kijken naar de roestige romp van een merkwaardig schip dat er wordt gesloopt. Het is de *Cornelis de Witt*, een voormalige Nederlands oorlogsschip. De mannen blijken ooit opvarenden te zijn geweest. Zij kennen Maarten Sweers nog goed uit hun diensttijd en vertellen dat hun oud-commandant inmiddels is overleden. De auteur schrikt maar raakt opnieuw begeesterd en met het schrijven van het boek kan hij eindelijk beginnen.

Klimazewski heeft ervoor gekozen om Maarten Sweers door middel van zijn dagboeken 'zelf' te laten vertellen. Dat doet Sweers tamelijk gedetailleerd. Het is een omvangrijk boek geworden met achtentwintig hoofdstukken, zeven appendices met gegevens en talloze bijzondere illustraties. Het is een verhaal dat nooit is gebeurd maar wel had kunnen gebeuren en dat begint wanneer kapitein ter zee Sweers in 1936 als hoofd van het KM Ontwerp- en Bouwbureau, een bijzondere

De Hr.Ms. *Cornelis de Witt*, op weg naar haar vuurdoop. (NB: afbeelding niet in boek opgenomen)

opdracht krijgt. Hij en zijn bureau moeten voor de Nederlandse Marine een ontwerp-bouwplan maken voor twee hybride slagkruiser/vliegdekschepen (sk/vds). Dat kan omdat de Nederlandse regering plotseling extra middelen beschikbaar heeft gesteld voor een grote uitbreiding van de oorlogsvloot. (Bedenk wel lezer: het is een soort fantasieverhaal.)

Sweers gaat met zijn ontwerpers/bouwers aan de slag. Plotseling doet zich een bijzondere kans voor: Nederland kan - redelijk goedkoop - twee half-afgebouwde Argentijnse sk/vds-schepen aankopen. Die zijn gebouwd op de rompen van twee voormalige Britse Royal Navy slagkruisers. Er volgt een afbouw en verbouwingsprogramma op een Amsterdamse scheepswerf en er worden vliegtuigen aangekocht.

gers en ondersteuningsschepen. Vanwege de dreigende oorlogssituatie in Azië, besluit de regering om 'de belangrijkste kolonie (Nederlands-Indië) met een versterkte vloot te beschermen tegen mogelijke Japanse agressie'.

Het smaldeel vaart via het Suezkanaal - al oefenend - naar Aden en Colombo (Sri Lanca). Onderweg krijgt men te horen dat er een derde, ditmaal voormalig Braziliaanse, slagkruiser/vliegdekschip door Nederland is aangekocht. Die krijgt in het boek de naam Hr.Ms. *Schoonveldt* (dat had natuurlijk Schooneveld moeten zijn). Kort nadat het smaldeel in Indië is gearriveerd, meert ook de nieuwe Hr.Ms. *Schoonveldt* aan.

Opnieuw volgt een strikt oefenschema, waarna de twee varende leden van de familie De Witt en hun begeleiders naar Singapore stomen voor een onderhoudsbeurt.

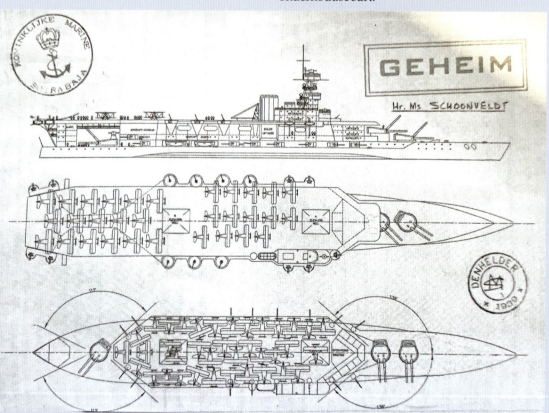

Bouwtekening van de *Schoonveldt*

Uiteraard komt er een test- en trainingsprogramma zodat in 1938 de Hr.MS. *Cornelis de Witt* en de Hr.Ms. *Johan de Witt* in dienst gesteld kunnen worden. Maarten Sweers wordt benoemd tot viceadmiraal en krijgt de leiding over een smaldeel dat wordt gevormd uit de twee nieuwe schepen en de hun begeleidende kruisers, torpedobootja-

Op 7 december zijn de twee schepen weer vaar- en gevechtsklaar. Inmiddels is de oorlogsdreiging verder toegenomen. Het smaldeel krijgt opdracht, onder de tactische naam Smaldeel Popye, te gaan patrouilleren in de Zuid-Chinese Zee. Als de patrouille is afgerond moet het boven Borneo samenkomen met het kleinere Olijfje-smaldeel dat

The Koninklijke Marine Nederland (KMN) or Royal Netherlands Navy Battlecruiser-carrier Fleet in heavy weather in the North Sea 1939. The Battlecruiser-carrier *Johan de Witt* is flanked by three De Ruyter Class Cruisers, most likely *Gouden Leeuw* (top left) *Aemilia* (top right) of Cruiser Division No. 3, and *Oliphant* (foreground) of Cruiser Division No. 4. The destroyers in the distance are most likely *Jakhals* and *Bulhond* of Destroyer Flotilla No. 10. (Photograph Courtesy of The Maarten Danielszoon Sweers Private Collection).

Het opstomende Nederlandse smaldeel. Fake-foto met hulp van door de broer van Klimazewski gemaakte 1/2400 modellen.

uit de Hr.Ms. *Schoonveldt* en de haar begeleidende schepen bestaat. Voor het echter zover is, wordt op 8 december bij het smaldeel bekend dat Pearl Harbor door de Japanners is aangevallen. Kort daarna worden twee Japanse invasie-konvooien verkend die een zuidwestelijke koers varen, richting Singapore. Op 8 december om 03.55 krijgt Maarten Sweers bericht dat Nederland in oorlog is met Japan. Hij krijgt opdracht om de nieuwe vijand aan te vallen. Dat gebeurt vooral door de vliegtuigen van de twee sk/vds'en. Tamelijk gedetailleerd wordt beschreven hoe dat gaat (N.B. vertaling van de auteur):

*Ik duwde de neus van 'Frantic Fiona' (de naam van zijn vliegtuig) naar beneden, schoof het bommenricht-apparaat tegen mijn ogen, zocht de eerste kruiser op en centreerde de kruisdraden op de eerste schoorsteen van het schip. Onze snelheid nam snel toe van 300 naar 760 km/uur en schreeuwend als een verraden minnaar, dook de langneuzige bommenwerper onder een hoek van 850 naar de zee.*

Het Nederlandse smaldeel weet in een hevig gevecht uiteindelijk de twee invasievloten te vernietigen. Maleisië en Singapore zijn gered van de Japanners. Er is wel een prijs betaald want smaldeel Popeye is niet ongeschonden uit de strijd gekomen. Bovendien dreigt er een nieuw gevaar. Een Japanse vlooteenheid met zware kruisers probeert de doortocht naar de Sulu-Zee en het Olijfje-smaldeel te blokkeren. Er volgt een hevige zeeslag, die opnieuw vooral met de vliegtuigen van de sk/vds'en wordt uitgevochten. Wel komen de grote kanons van deze schepen nu ook in actie maar pas nadat de Japanse kruisermacht door de vliegtuigen van de twee *De Witten* is gedecimeerd.

*Vuur, vuur, en dan gaan de zes 343 mm kanons los, om 30 kilometer verder naast en op de resterende Japanse kruisers te landen.*

Het rendez-vous met Olijfje is daarna geen probleem en gezamenlijk stomen de twee smaldelen terug naar Soerabaja. Het is tijd om te herstellen, ook voor Maarten Sweers, die tijdens de strijd gewond is geraakt. De oprukkende Japanners bombarderen de scheepsreparatiewerven en de marineleiding besluit om met de belangrijke twee *De Witten* uit te wijken naar een onbekend en onbewoond eilandje, waar ze in alle rust kunnen worden hersteld.

Maarten kan niet mee, hij moet herstellen van de wond die is gaan ontsteken. Hij is uitgeschakeld en wordt naar het Australische Darwin gevlogen. Daar zijn – gelukkig – ook zijn vrouw en kinderen al naartoe overgebracht. Hier stoppen de aantekeningen/dagboeken van Maarten Sweers. Hij besluit met: Nu moeten anderen het verhaal van de strijd om Indië maar vertellen. Die zijn er niet en dus eindigt het boek tamelijk abrupt en moet de lezer zelf gaan fantaseren hoe de Hr.Ms. *Cornelis de Witt* uiteindelijk op die Amerikaanse sloperij is terechtgekomen en dat is best een leuke bezigheid.

*Arne Zuidhoek*

# Prestige
## Scheepvaart en kapitalisme

*In La Nave Va (Het schip vaart uit; 1983) verbeeldt meesterfilmer F. Fellini (1920-93) de 1e Klasse passagiers en hun aanstellerij op het schip* Gloria. *En dit tegen een décor van pracht en praal en slaafse dienaren.* Gloria *ontmoet een slagschip en gaat ten onder. Sic Transit* Gloria. *Dan verplaatst Fellini de scènes naar de filmonderneming zelf, tussen de coulissen en camera's. Het is een spel, wil de regisseur ons doen weten – oorlog, prestige, handel, dood – het is een gevaarlijk spel dat slechts door enkelen kan worden uitgedacht en gedirigeerd.*

35 jaar scheepsbouw-ontwikkeling: ss *Kaiser Wilhelm der Grosse* (1897; 14.349 brt.; Norddeutsch Lloyd); ss *Normandie* (1935; 79.283 brt., Cie. Général Transatlantique). Beide schepen kwamen om in een oorlog.
Aquarel door Arne Zuidhoek

In de loop van de negentiende eeuw, met de opkomst van de industrie, beijverde Europa zich om de wereldmarkt te overstromen met de producten uit fabrieken en met het vertrek van mensen. Miljoenen keerden om sociale, economische en politieke redenen Europa de rug toe; tussen 1815 en 1915 betrof dit een getal van tegen de 60 miljoen. De meeste mensen die vertrokken reisden naar de Amerikaanse landen, gemiddeld 1.400.000 per jaar in de vijf jaren voor de Eerste Wereldoorlog,

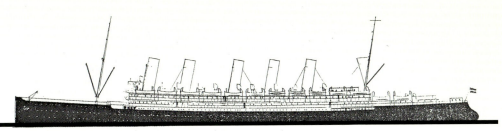

Rond de eeuwwisseling nam de grootheidswaan van het Duitse keizerrijk groteske vormen aan. Dit is een ontwerp voor een 'Schnelldampfer' met vijf schoorstenen zoals de Duitse marine in 1902 zou zien (de kruiser *Askold*). Voor de passagiersvaart ging het voornemen niet door, het schip werd de vierpijper *Kaiser Wilhelm II*, in 1903.
Pentekening door Arne Zuidhoek

tegenover 175.000 naar andere landen. Iedere emigrant werd per schip vervoerd. Aan de Europese zijde van de Atlantische Oceaan was Groot-Brittannië in de negentiende eeuw de 'industriereus'. Als financieel-economisch de machtigste natie ter wereld, domineerde het land de internationale stoomscheepvaart en de scheepsbouw. De Nederlandse scheepsbouw en –de afname van schepen richtte zich naar het Albion.

## Stoommachines

Het stoomschip, met haar ruime capaciteit en regelmatige snelheid, voorzag in de drang naar mobiliteit en nieuwe behoeften. Binnen de koopvaardijvloten groeide het passagiersschip uit tot een voorbeeld van menselijk vernuft. Iedere maritieme natie wilde passagiersschepen die niet uitsluitend de reizigers ten dienste stonden maar eveneens konden tonen hoe voortvarend het land was: in techniek, snelheid en vormgeving. Ook in Nederland voelden de scheepvaartmensen dat dit optimisme verantwoord was. Vergeleken met de zeilschepen was de invloed van de elementen op de reistijd nagenoeg uitgeschakeld, de machines waren permanent bruikbaar. Of een hogere snelheid bij het reizen een zegen zou zijn, daarover bestond lange tijd twijfel. Uiteindelijk bleek tijdwinst, met name op de lange afstanden, een kwaliteit van onschatbare waarde.

In 1827 stak voor het eerst in de geschiedenis een machineschip dat volledig op haar mechanische voortstuwing vertrouwde, de Atlantische Oceaan over. Zij was de Nederlandse *Curaçao*, 320 brt groot. In Engeland gebouwd en in 1826 aangekocht voer ze minstens tweemaal van Antwerpen naar Paramaribo en Nederlands Guyana (Suriname). Vanwege de Belgische opstand moest dit raderschip in vaderlandse wateren worden ingezet, waarmee aan deze eerste lijndienst op de Amerika's 'in stoom' een eind kwam. In de loop van de negentiende eeuw waren het vooral Engeland en de USA die het vervoer van passagiers voor hun rekening namen met enorme investeringen en risico's als gevolg. Dat gold ook voor Frankrijk, waar Crédit Mobilier regeerde. Vanaf 1852 onder leiding van de Gebr. Péreire en andere vooraanstaande personen uit de Joodse geldwereld. Konden of wilden Nederlandse rederijen leren van deze ondernemingen, van hun zakelijk geweld en organisaties, of van de sluwheid van een magnaat als VanderBilt en Péreire? En áls zij wilden concurreren binnen de passagiersdiensten in welke oceaan ook, tot welk segment van de markt dienden zij zich te richten: de emigrant of de kajuitpassagier?

## Opkomst Pincoffs

In 1839 had G.M. Röntgen een memorandum opgesteld tot oprichting van een 'Nederlandsche Stoomvaart Mij. op Noord-Amerika'. Gebrek aan geld en vertrouwen in stoommachines als voortstuwing voor zeeschepen deden zijn voornemen mislukken. Pas in 1856 mengde een Amsterdamse rederij zich in het Atlantisch verkeer: de Koninklijke Nederlandsche Stoomboot Maatschappij (KNSM). Deze deed haar activiteiten over aan een Rotterdamse rederij die, merkwaardig genoeg, vanuit Amsterdam opereerde. De reden daarvan was dat de Rotterdamse haven voor de groter wordende schepen geen goede outillage bood. Er ontstond een felle brochure-oorlog tussen de zakenlieden en Nederlandse havensteden, voordat de droom van Röntgen in vervulling kon gaan. Hard nodig, want het tevoren zo belangrijke transport (met zeilschepen) voor landverhuizers van Rotterdam naar New York was vrijwel geheel opgeslokt door Duitse stoomvaartlijnen.

Keizer Wilhelm, poserend voor een respect afdwingend schilderij.
Particuliere collectie

**Links:** Namen van de leden van welk vorstenhuis ook deden er eveneens toe om bij het publiek ontzag af te dwingen. Deze zwoeger van de 'Maildienst Mij. Zeeland' hield het bij de trotse naam *Koningin Regentes*, waarmee Emma werd bedoeld.

Wandeldekken waren onmisbare delen van een passagierschip. Flaneren was een der voornaamste verpozingen aan boord, de meeste ruimte daarvoor werd voor de 1e Klasse gereserveerd.
Particuliere collectie

Holland-Amerika Lijn poster
Particuliere Collectie

In deze fase, het begin van Rotterdam in de strijd om de vaart op Noord-Amerika, kwam de ondernemer L. Pincoffs in beeld. Voor deze man was het gedoe met schepen, passagiers en lading weinig anders dan een toneelstuk tegen een décor van rooksalons – alle spelers onderworpen aan een scenario met de gebruikelijke wendingen en verdraaiingen. Zoals in elk klassiek podiumstuk horen daar personages bij die andere mensen voor de gek houden of – eventueel – zichzelf vernietigen wanneer de smalle scheidslijn tussen goed en kwaad was overschreden. Vanaf 1858 steeg Pincoffs op de sociale ladder: lid van de Provinciale Staten en vervolgens lid van de Eerste Kamer. Pincoffs stortte zich tevens in het bankierswezen, verzeilde dankzij zijn zakelijke inzichten, inzet en charme tussen een selecte groep handelslieden. Samen met hen was hij initiatiefnemer tot de Rotterdamsche Bank (1863), met M. Mees, de Nederlandsch-Indische Gas Mij. (1863) en de Afrikaensche Handelsvereeniging (1869). In 1871 trad Pincoff toe tot het bestuur van een commanditair vennootschap dat een jaar later een stoomschip naar New York stuurde. Men kwam met gedegen plannen, gestoeld op het doorgraven van een nieuwe waterweg naar de Noordzee, volgens de visie van waterstaatingenieur Pieter Caland. Met steun van de banken en de Groningse grootindustrieel W.A. Scholten ging de CV door voor Plate, Reuchlin & Co., in 1873 omgevormd tot een NV Nederlandsch-Amerikaensche Stoomvaart-Mij. (NASM).

Nadat in 1872 de Nieuwe Waterweg werd geopend en het eerste schip van de NASM, de *Rotterdam* (1694 brt.; aantal passagiers 8, 1e klasse, 388 t) naar New York stoomde, zag Pincoffs zich benoemd tot president-directeur van de Rotterdamsche Handels Vereeniging: een combinatie van bankiers die havenactiviteiten op Feyenoord zou gaan ondernemen. Pincoffs was uitgegroeid tot een man van belang voor Nederland, voor Rotterdam en de NASM. Hij kreeg diverse onderscheidingen en velen luisterden naar hem. De NASM geraakte in 1875 in zwaar weer: ongelukken, crisis in Noord-Amerika, weinig ladingaanbod. Varen of niet? Pincoffs maande tot voorzichtigheid: we spelen *va banque, rouge ou noir*; winnen we, dan zijn we geborgen; verliezen we, dan moeten we liquideren. De directie won het pleit – er werd gevaren – en redde daarmee de toekomst van de rederij.
Commissaris Pincoffs stelde de aandeelhouders voor het kapitaal tot de helft te verminderen. Zo zou er een bedrag van een miljoen gulden vrijkomen voor de afschrijving van de verliezen over 1874-1876, plus een extra afschrijving op de vloot.

Dit voorstel werd gehonoreerd, het stelde de rederij in staat dividend uit te keren.

Vanaf mei 1879 verdeen Pincoffs uit beeld. Spoedig bleek de reden: fraude. Talloze ondernemingen gingen failliet. Zijn vlucht was bekwaam voorbereid. Met vrouw en kinderen via Brussel en Calais-Dover naar Liverpool, van daar met een Cunarder naar New York, zodoende Rotterdam met een enorme schuldenlast achterlatend. Pincoffs' naaste medewerker H. Kerdijk verdween in zijn plaats voor twee jaar achter de tralies. Pincoffs begon in New York een sigarenfabriek en overleed op 84-jarige leeftijd. De Rotterdamse NASM zat niet bij de pakken neer. Met hulp van Amsterdamse financiers in Engeland kon zij een passagiersschip laten bouwen: ss *Amsterdam* (1880; 2.540 brt; 52 kajuit- en 648 tussendekspassagiers). Met het in dienst stellen van dit schip gaf de KNSM de concurrentiestrijd op. Overigens werd deze *Amsterdam* beheerd door een zelfstandige rederij die het schip aan de NASM verhuurde. Een ondoorzichtige situatie. In 1881 werd het schip overgenomen.

**Trans-Atlantische route**
Twaalf grote stoomvaartmaatschappijen bemoeiden zich nu met de trans-Atlantische route: Allan Line, American Line, Anchor Line, Atlantic Transport Line, Cunard, French Line (CGT), Hamburg-Amerika Linie (HAPAG), Norddeutscher Lloyd (NDL), Red Star Line, Thingvalla Line, White Star Line en de NASM. Zij streden om het vervoer van emigranten; deze betaalden gemiddeld per overtocht zeven dollar, in bulk bracht dat meer op dan de inkomsten uit het vervoer van de kajuitklasse. Het was verbazend hoe vaardig de betrokken Nederlandse rederijen konden inspelen op de exodus van landverhuizers, bogend op de ervaring van eeuwen (de Oost-Indiëvaart). In respectievelijk Amsterdam en Rotterdam richten rederijen als Koninklijke Hollandsche Lloyd en NASM 'emigrantenhotels' in. Kon Nederland, naast Italië en de Scandinavische landen, concurreren met de Amerikaanse, Duitse, Franse en Engelse rederijen?

Rederij Cunard, overmoedig geworden door het veronderstelde bezit van het monopolie op de route, beknibbelde op de dienstverleningen. Servetten werden niet verstrekt: als de passagiers hun mond willen afvegen gebruiken zij hun zakdoek maar. White Star bood beter comfort, iedereen kon voor een redelijke prijs een hut krijgen, zelfs IIIe Klasse-reizigers hadden toegang tot het salondek. De moordende 'stoombootoorlogen' om de beste passageprijzen eindigden, min of meer, door een overeenkomen van afspraken. HAPAG-directeur A. Ballin speelde hierin een hoofdrol. Zijn formule voor samenwerking (1892) mag worden gezien als een vooruitlopen op een autonoom

Uit prestige-behoud moesten de luisterrijke interieurs van de welgestelden worden nagebouwd. Links de trap à la Style Baroque in een herenhuis aan de Herengracht in Amsterdam. Rechts het trappenhuis van een modern kruisschip van de Regatta-klasse (1998-2000). Particuliere collectie

'conference'-systeem, noodzakelijk om het gehele vervoer per schip in enigszins geregelde banen te leiden. De nadruk op de verzorging van de passagiers gold uitsluitend de welgestelden. Deze doelgroep bestond uit een nieuwe sociale klasse naast die van de aristocratie, ontstaan door de industrialisering en bloeiende internationale handel van de Amerikaanse en Europese industriëlen en beurshandelaren. De verworven fortuinen stelden deze 'nouveau riches' in staat te doen waar zij zin in hadden. Een langdurig logies in een kuuroord annex casino in Kroatië, in de Alpen of op een schip – het maakte hun niet uit. Pianoconcerten, wandelingen aan dek, eigen bediendes, luxe maaltijden in weelderig ingerichte zalen; voor hen was alles goed op voorwaarde dat het er duur uitzag. In het algemeen waren deze passagiers tevens geboeid door snelheid, dus onder de indruk van de prestaties van de 'Blauwe Wimpel'-winnaars, de trofee voor het schip met de snelste oversteek tussen Europa en Noord-Amerika. De snelste te zijn verleende schip, rederij en ook een natie een niet mis te verstane status. Konden Nederlandse rederijen en scheepsbouwers meegaan in deze hausse? Excelleren met snelheid viel buiten bereik van de Rotterdamse Amerika-lijn. De rederij zocht dat te compenseren met een meer dan hoffelijke houding van de civiele dienst, met overvloedige diners en luxe onderkomens, in de hoop dat dit voldoende zou zijn voor een rendabele dienstvaart.

Met de introductie van grotere, snellere schepen, ontbrandde na 1890 tussen de Duitse en Engelse rederijen een heftige concurrentieslag. 'Deze ontbeerde enkele malen economische realiteitszin (…). Regelmatig werd scheepstonnage in de vaart gebracht dat uitsluitend de ambitie en het prestige van de rederij leek te dienen.'

### Tijd van voorspoed

Evenals de Nederlandse, genoten Duitse rederijen de voordelen van havens waarheen de massa's Oost-Europese landverhuizers eenvoudig naar toe konden reizen. Het tempo waarmee Duitsland zich tot wereldmogendheid ontwikkelde bracht Europa in de greep van respectievelijke nationale trots en representatieve behoeften. Zulke gevoelens vonden onder meer een weg in de architectuur, zoals het Rijksdaggebouw (1884-1894) in Berlijn, en eveneens treffend verbeeld in de eerste Duitse generatie 'prestigieuze schepen'.

Het begon met *Kaiser Wilhelm der Grosse*. Vanaf haar indienststelling, in 1897, bood de Duitse koopvaardij zeereizen aan die reizen van de Britse reders in kwaliteit overtroffen. Ook stak de Duitse industrie de Britse naar de kroon. Er ontstond een relatief agressieve rivaliteit tussen 'beide landen, een onwelkome ontwikkeling in een tijd van redelijk vertrouwen in een ontspannen toekomst voor een verenigd Europa, zeker nadat een weinig toegevende houding in het vlootvraagstuk meer tegenstellingen tussen Duitsland en Engeland te weeg bracht. Een nieuwe constellatie begon zich af te tekenen tussen een groep middelgrote staten en een groep randstaten, elk met historische belangentegenstellingen en machtsverhoudingen. Economische belangen liepen door elkaar heen in de koloniale politiek en dat zorgde voor het oplaaien van het nationalisme, deed het wantrouwen groeien en werkte een bewapeningswedloop in de hand. Nederland hield zich daarin, zo mogelijk, afzijdig.

Het bouwjaar van ss *Kaiser Wilhelm der Grosse*, de eerste vierpijper, wordt door velen beschouwd als 'het einde van de negentiende eeuw/begin van de twintigste, die eer voornamelijk dankend aan het etiket van 'drijvend paleis'. Het schip was in grote lijnen bedacht door een reder met durf, haar specificaties leken buiten bereik van de

De NASM/HAL heeft een tweede *Statendam* (32.234 brt), in grootte het achtste schip van de wereld, nooit de hare mogen noemen. Het schip liep in 1914 te water, maar werd als Engels troepentransporteur afgebouwd. Als *Justicia* kwam ze in 1918, tweemaal getorpedeerd, aan haar einde.
Particuliere collectie

**Linkerpagina:**
Eetsalon Ie Klasse ss *Rotterdam* (1908; 24.168 brt.).
Particuliere collectie

toenmalig geldende technische mogelijkheden. De bouw slaagde dankzij de kennis van technicus R. Zimmerman die elf jaren lang op Engelse werven het vak had geleerd. Zimmerman werd door de Engelsen als een bedrijfsspion gezien – een spijtige reactie, iedereen wist van het bestaan van 'vreemdelingen' op de Britse werven. Ook Nederland zond technici om er kennis op te doen. Naast *Kaiser Wilhelm der Grosse* (14.349 brt.) kwamen nog twee *Kaisers* in de vaart en een *Kronprinzessin* (*Cecilie*). Concurrent Hamburg-Amerika Lijn kon niet achterblijven: directeur A. Ballin bestelde een recordjager. De geweldenaren met hun vier zwarte rookwolken uitdampende schoorstenen bleken voor de Duitse scheepvaart en voor Duitsland in het algemeen, van enorme waarde. Hun portretten hingen tot in de kleinste dorpen van het Zwarte Woud, een gegeven dat de Duitse keizer plezierde. Wilhelm II zei tijdens een vlootschouw in Spithead (1889): *dass Schlachtschiffe nicht genug seien, sondern man auch Luxusliner bauen müsse.* Mede omdat deze schepen op diverse plekken waren verstevigd als fundamenten voor geschut. De vorst zou, via de Duitse regering, de bouw van prestige-schepen financieel 'begeleiden'. Want, zei hij: *De toekomst van Duitsland ligt op het water.*

Gouvernementen steunden de nationale groei van de koopvaardij in de vorm van subsidies voor ondernemingen (reders, havens, werven, toeleveranciers) en contraprestaties voor het postverkeer. Met het aura van de macht van de machine en de stalen rompen zagen zij de mogelijkheden van het fenomeen 'nationaal vlaggenschip'. Een dergelijk schip zou een varende etalage kunnen zijn, redeneerden zij, een varende expositie van wat een natie aan architectonisch en industrieel vernuft vermag. Dit, naast cuisine, kunst en cultuur, toerisme en wetenschappelijke uitwisselingen, zou de handel en het nationale aanzien bevorderen. Varende gezantschappen, vonden zij, symbolen van vooruitstrevendheid, uitdraagsters van een regeringspolitiek of een ideologie. Terwijl de stomers naar de Oost en Australië excelleerden met schitterende interieurs concentreerde een meer dan felle concurrentiestrijd zich op het Noord-Atlantische gebied: de prestigeslag van de Amerikaanse, Britse, Duitse, Nederlandse en Franse schepen.

Vanaf 1897 werd begrepen hoe 'de betekenis van deze vlootuitbreiding verre uit gaat boven het belang dat de rederij zelve bij deze aanwinst heeft. Zo moest het bedrijf van de Holland-Amerika Lijn worden beschouwd, naast een grote bron van buitenlandse deviezen, als een zeer belangrijk contact met Amerika, als voortreffelijk medium voor vlagvertoon.'

Een sterk staaltje van imponeergedrag was de verschijning van ss *Nieuw Holland* in Aziatische wateren. *Nieuw Holland* (1928; 11.404 brt.) was geen passagiersschip maar een VP: vrachtschip met passagiersaccommodatie (123 I-, en 50 III-klasse).
Aquarel door Arne Zuidhoek

### Prestige-schepen
De Duitse schepen lieten met hun quadruple expansie machines de Britse en Amerikaanse concurrentie achter zich. Niet alleen in snelheid, hun modernistische, open interieurs plezierden de passagiers. De Britse rederijen zagen hun klandizie afnemen, de Britse regering maakte zich zorgen nu deze trans-Atlantische windhonden in geval van oorlog als gewapende kruisers dienst konden doen. Op deze manier ontstond het begrip 'prestige-schip' vrijwel gelijktijdig met de introductie van de aanduiding 'drijvend paleis'.

Wilhelms' interesse in 'de zee' was niet gespeeld. Deze kleinzoon van koningin Victoria, gelieerd aan de Russische tsaar en koningin Sophia van Spanje, was een prins van Oranje, een titel die in de zeventiende eeuw in het Pruisische vorstenhuis was gekomen door het huwelijk van een keurvorst van Brandenburg-Pruisen met een dochter van Frederik Hendrik en Amalia van Solms. Wilhelm wist hoe de keurvorst in een strijd tegen Zweden en Polen de hulp van de Republiek der Verenigde Nederlanden had ingeroepen. De Republiek bezat geld, kennis en ervaring op zee. Gedurende de Zweedse oorlog (1675) dienden vijftig Nederlandse schepen onder de adelaarsvlag van de keurvorst. Cornelis Tromp functioneerde enige tijd als admiraal van deze strijdmacht. Dankzij financiële en materiële hulp van de Nederlanders begon keurvorst Friedrich Wilhelm aan een Brandenburgse koopvaardijvloot en stichtte de kolonie Gross-Friedrichsburg aan de Goudkust van West-Afrika. Later is de Brandenburger Tor met Nederlands belastinggeld betaald. Wilhelm II realiseerde zich de dominantie van het vroegere Nederlandse handelsimperium terdege, immers nog steeds in bezit van het enorme eilandenrijk Insulinde. Vandaar dat hij tot in zijn bot geraakt werd door twee zinnen in *The influence of Sea Power upon history 1660-1783* (1890): *Het eerste en duidelijkste waarin de zee zichzelf presenteert vanuit een politiek en sociaal standpunt is dat van een grote verkeersweg; of nog beter misschien als dat van een wijdverspreid gemeenschapsgrond waarover mensen in alle richtingen gaan (...) Deze reisroutes worden handelsroutes genoemd en de redenen die ze hebben vastgelegd, moeten in de wereldgeschiedenis worden gezocht.*

Zonder enige twijfel kwam de bewondering van de keizer voor M.A. de Ruyter, M.H. Tromp en H. Nelson uit dit boek voort. De schrijver van het werk, A.T. Mahan constateerde dat het beheersen van de zeeën een bepalende historische factor was, waaraan nooit voldoende aandacht was geschonken: 'maritiem overwicht is beslissend en wie de macht ter zee bezit, is meester over elke situatie'.

**Maritieme wedloop**
Aangezien de Engelsen de zeeën beheersten ontstond er tussen Engeland en Duitsland in wezen een 'maritieme wedloop', 'waarin Wilhelm zich naar de Engelse wateren zag opkoersen. De twee vloten zouden langszij varen, de twee monarchen gekleed in de admiraalsuniformen van elkaars land (...) elkaar begroetend op de brug hunner slagschepen'.
Politiek, zelfs oorlog, lijkt op deze manier op niets meer dan een spel voor heren of familieleden onder elkaar. De Engelse koningin was de oma van de Duitse keizer en de Nederlandse koningin Wilhelmina een verre nicht. De laatste zou hem na de aanstaande, verschrikkelijke nederlaag aan de boezem drukken en voor hem en zijn familie en kunstschatten een vorstelijk pand inruimen. Van Wilhelms zes zonen, allen militair, sloten vijf zich na de Eerste Wereldoorlog bij A. Hitler aan, een man die zij onder andere omstandigheden geen blik waardig zouden hebben gekeurd.

Wie weet hoe het keizerlijke gedoe HAPAG-reder Ballin heeft geamuseerd. Ook nadat de keizer J. Pierpont Morgan tot de IIe Klasse van de Orde van de Rode Adelaar verhief en hoe hijzelf de oceaanreus *Imperator* met een adelaarsboegbeeld verlengde (zodat *Imperator* het langste schip ter wereld werd). Wat bond de potentaat aan Ballin? Antwoord: Ballin was de man met een hele vloot drijvende paleizen tot zijn beschikking. Wilhelm

kreeg alle ruimte om zijn superbia (ijdelheid) te ontplooien. Steeds meer draaide het spel om uiterlijkheden, om grotere schepen, om meer. Ballin, Cunard, Pierpont Morgan en vele leiders van de naties deelden diens hautaineiteit. Wanneer anderen daarover mopperden, werd dat als 'antipatriottisch' afgedaan. De latere HAL-directeuren De Monchy en Van der Vorm waren, hoewel in een mildere vorm van Nederlandse nuchterheid, dezelfde mening toegedaan.

De pers bestempelde de zeereuzen als 'Drijvende Paleizen', als 'Koninginnen van de Zee', 'Kathedralen van de Zee' en 'Vorsten van de Oceaan'. Hun grootte en pracht gingen samen met de praal van een monarchie. Andersoortige regeringen bleven niet achter. Franse presidenten keken glimmend van welwillendheid toe hoe hun prijsschepen van de hellingen gleden. Zo ook Mussolini, terwijl de Italiaanse koning zijn vrouw naar de doop van prestige-schip *Rex* vergezelde. Koningin Wilhelmina zorgde voor een behouden tewaterlating van 'Neêrlands vlaggenschip' (bouwnummer RDM 200). En allen gebruikten de volgende formule: *Moge [dit schip] wijd en lang de vaderlandse kleuren over de zeeën dragen, tot roem en heil van ons geliefde vaderland.* De publiciteit rond de luxe drong de omstandigheden waarin de emigranten en de bemanningen leefden, naar de achtergrond.

Ontwerp naoorlogse Indiëvaarder. Gezien de onzekere situatie in voormalig Nederlands-Indië werd de tijd niet rijp geacht voor de bouw van een prestigieus lijnschip
Ontwerp van Arne Zuidhoek

'In het jaar 1898 werd de Directie [van de NASM/ Holland-Amerika Lijn] gewaarschuwd, dat een Amerikaansch syndicaat bezig was aandeelen der maatschappij op te koopen; blijkbaar met de bedoeling deze onder haar controle en, zoodra subsidies konden worden aangevraagd, de schepen onder Amerikaansche vlag te brengen', notuleerde een HAL-secretaris in 1900.

In allerijl werd in de statuten een wijziging aangebracht waardoor het veranderen van bepaalde artikelen die verband hielden met het Nederlandse karakter van de rederij, alleen mogelijk was indien een meerderheid (90% van het maatschappelijk kapitaal) daartoe meewerkte.

De Noord-Amerikanen handelden niet op de orthodoxe manier, door het in de vaart brengen van schepen op basis van een te verwachten negotie, al dan niet in groten getale of gezegend met buitengewone kwaliteiten: zij namen simpelweg de concurrerende partijen over. De man achter en voor de schermen van dit streven naar het monopolie van het Noord-Atlantische vracht- en passagiersvervoer, was een man als L. Pincoffs. Deze J. Pierpont Morgan (1837-1913) heeft bekend gestaan als 'Baron Rover' zowel als 'Redder van de Amerikaanse Economie'.

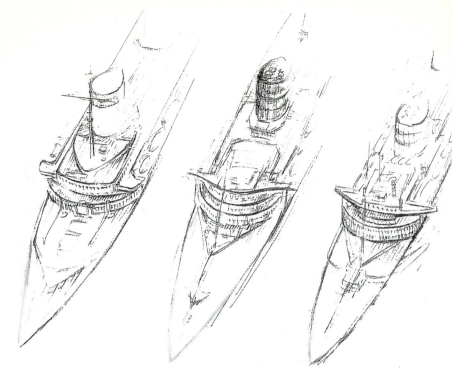

Op de Noord-Atlantische route beheerste het gigantisme de het aanzien van de prestige-schepen. De meest mooie voorbeelden van scheepsbouwkunde gingen samen met de meest geraffineerde luxe.
Tekening in potlood door Arne Zuidhoek

Zeldzaam verfijnde, functionele vormgeving van het onder- en boven water voor van ss *Normandie* (1935).
Potloodschets door Arne Zuidhoek

Geboren in een extreem rijke familie leerde Morgan het vak van bankier in het kantoor van zijn vader. Hij stortte geld in de kassen van politici, richtte met medewerking van een VS-president (Wilson) een privé-syndicaat op dat met 65 miljoen dollar (de helft Europees geld) de VS-schatkist steunde. Nam staal- en ijzerbedrijven over, als van A. Carnegie ($ 500.000.000), zonder tussenkomst van advocaten en zonder geschreven contract.

Zijn daaropvolgende onderneming US-Steel werd, met meerdere van zijn bedrijven streng onderzocht door de federale Antitrust Law, en bleek illegaal, waarna de onderneming haar monopolie verloor en Morgan Bethlehem Steel oprichtte. 'Veel ernstiger werd de zaak evenwel in het voorjaar van 1902. Op het eind van de maand Januari deelde de Holland-Amerika Lijn-directie mede aan Commissarissen, dat er berichten waren ingekomen aangaande plannen tot combinatie van Amerikaansche spoorwegen met trans-Atlantische lijnen, teneinde onder meer langs dezen weg een einde te maken aan de scherpe concurrentie van eerstgenoemde. De zaak werd zeer geheim gehouden; men had reden te vermoeden, dat de maatschappij er niet buiten zou worden gehouden, maar zekerheid was er niet; de heer Van den Toorn, lid der Directie, vertrok daarom naar New York om zich op de hoogte te stellen.' Morgan belegde in New York een conferentie van Europese en Amerikaanse reders.

### Het grote geld

Het resultaat was een overeenkomst waarbij de gehele Britse White Star Line aan de Amerikaanse International Mercantile Marine Company (IMM) werd overgedaan, samen met het aandelenkapitaal van een aantal Britse rederijen. Voorts kreeg IMM een aandeel in verschillende andere rederijen, onder andere van de Holland-Amerika Lijn en de semi-Belgische Red Star Line. White Star's president-directeur J.B. Ismay werd een belangrijk figuur in dit scheepvaartimperium. A. Ballin van HAPAG stemde in met een overeenkomst voor 10 jaar met IMM, en wist ook NDL te overtuigen met IMM tot een akkoord te komen. Op die manier werd IMM het machtigste lichaam in de trans-Atlantische scheepvaart. IMM zag in HAL een deelgenoot, niet meer; haar prestige moest blijven gehandhaafd. Na de Noord-Amerikaanse 'putsch' luidde de opdracht van de Engelse regering aan Cunard een eind te maken aan de Duitse overheersing van de Atlantische veerdienst èn de dreiging van een verdere Amerikaanse overname weg te nemen.

Aan die Europese gedachte kon de Hollland-Amerika Lijn, gebonden aan IMM en H & W, niet meewerken; ze merkte, tot haar ergernis, nadat de zaken in velerlei opzichten bevredigend verliepen, dat ze door IMM en H & W alsnog op arglistige wijze kon worden behandeld. H & W droeg de helft van haar aandelenbezit in de HAL aan de IMM over, de andere helft aan de Duitse lijnen.

Waar bij uitbreiding van kapitaal voorkeur moest worden verleend aan de bezitters van oude aandelen, was het te voorzien dat ook in de toekomst buitenlandse invloeden merkbaar zouden blijven. Op 9 december 1912 namen de HAL-aandeelhouders een resolutie aan die aan het recht van preferentie een eind maakte. Op deze manier hield HAL de vreemde invloeden binnen de perken en ontstond er weer een grotere mate van vrijheid voor het bestuur. Ten slotte, in 1915, konden de aandelen in het bezit van HAPAG en NDL worden teruggekocht en overgedragen aan de nieuw opgerichte N.V. Gemeenschappelijk Eigendom van Aandeelen Holland-Amerika Lijn, een transactie die in 1917 werd voltooid met de aankoop van de IMM-aandelen.

De moderne HAL-geschiedschrijving maakt zich er laconiek vanaf, verzwijgt dat de directie anno 1902 haar vrijheid van handelen voor een deel was kwijtgeraakt. Wel ging het tijdens WO I goed met de Rotterdamse onderneming, de rederij betaalde zowaar dividenden van 55% uit. Ondanks dat er in nieuwe schepen werd geïnvesteerd, vermenigvuldigde het kapitaal zich in die periode maar liefst vijf maal. De rederij haalde zo, mede als compensatie voor een tiental van haar schepen die op grond van het 'angarie-recht' door de geallieerden voor transportdiensten werden opgeëist, haar 'welvaren' terug. Tot zover mocht HAL bogen op een vlootverzameling waarbij die van de Franse CGT verbleekte. Want toen de megalomanie losbarstte – van *Kaiser Wilhelm der Grosse* via *Gigantic* tot *Vaterland* – was de Holland-Amerika Lijn met de bestelling van een geweldenaar van 32.234 brt niet achtergebleven. Deze was enorm, maar niet tè. Zou deze *Statendam* (II) renderend zijn geweest? Dat het er niet van kwam (gevorderd door Engeland) lag niet aan de voortvarende rederij.

Een vaartuig van dergelijke omvang wekt niet alleen ontzag op, ook een zekere vorm van angst, zó hoog torent de oceaanreus op, en zó dwingend staart zij uit haar kluisgaten op de massa neer. De namen van de Duitse en Engelse lijnschepen echoden het gigantisme. Groter, grootser, heldhaftiger; goddelijk. Het waren de Giganten en Titanen die om de Olympische Godenberg streden.

**Compensatie**
Kort na WO I werden twee nieuwgebouwde Duitse passagiersschepen aan de KHL toegewe-

Drie tweepijpers; v.b.n.b.: het Duitse ss *Bremen* (1929; 51.656 brt), Italiaanse ss *Conte de Savoie* (1932; 51.662 brt.) en de Nederlandse ss *Nieuw Amsterdam* (1938; 36.287 brt.). Aquarel door Arne Zuidhoek

zen, een juiste compensatie voor het verlies van de fraaie *Tubantia* van deze rederij. Beide schepen haalden de 20.000 ton niet, waren dus geen oceaanreuzen, maar zagen er, elk met drie kloeke schoorstenen, wel naar uit. Amsterdam was groots met het stel. Echter, de USA eisten een van de twee bij een latere herindeling van oorlogsbuit op en ten slotte werden zowel *Brabantia* als *Limburgia* naar Duitsland teruggespeeld, naar de HAPAG. Het was een eigenaardig spel met belangen en prestige, het waarom van deze transactie is nooit echt duidelijk geworden. Men zou denken dat de 'yank' met opzet het verschil tussen 'Dutch' en 'Deutsch' uit het oog was verloren.

Niet lang daarna ontstonden er zowel in de Verenigde Staten als in Europa hernieuwde impulsen om elkander met buitenissig imposante (passagiers-)schepen de loef af te steken. De situatie was dezelfde, een opnieuw oplaaiende concurrentieslag tussen de naties, die opnieuw zou uitmonden in een wereldoorlog. De namen van de passagiersschepen die daarin een rol in zouden spelen waren *Île de France*, *Queen Mary*, *Bremen* en, vooral, als een 'kroon der schepping': *Normandie*.
In 1929 bekroonde de stad New York de HAL met de keuze van het lijnschip *Volendam* als, voor de tweede keer, locatie voor de jaarvergadering van de New York State Savings Bank tijdens een charterreis in de Caraïbische Zee. Tegelijkertijd was het jaar 1929 een dramatisch slecht jaar, niet alleen voor de HAL, maar voor de hele wereld.

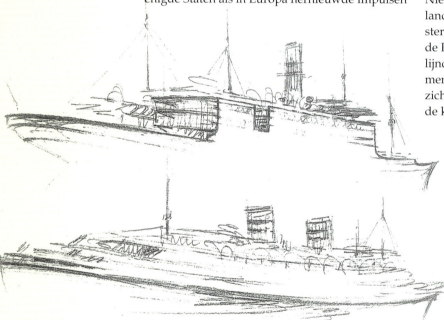

Verschil in lijnvoerig tussen *Nieuw Amsterdam* (I; 1906) en *Nieuw Amsterdam* (II; 1938)
Potloodschetsen door Arne Zuidhoek

Uit onderzoek is gebleken dat de gevolgen van de 1929-Wall Street Krach, bewust veroorzaakt, werd gevolgd door sterke koersdalingen, stijging van de werkeloosheid en een explosie van staatsschulden. Het totale passagiersvervoer op de Atlantic viel van 1 miljoen terug tot 460.000 in 1935. De HAL bracht haar staf van 3.944 met 6,5 miljoen gulden jaarsalaris terug tot 2.595 en 3,8 miljoen. De economische situatie herstelde zich. Door de verdiensten van de derde *Statendam* nam het marktaandeel van de HAL toe: van -2,4 % in 1934 naar +3 % in 1937. Inmiddels, en dat hoefde niet iedereen te weten, bestonden er plannen voor een nieuwe, spannende Atlantische lijner.

### Nieuwe vlaggenschepen

Niet alleen de HAL vond een nieuw groot Nederlands passagiersschip noodzakelijk, ook de Amsterdamse Stoomvaart Mij. '*Nederland*' (SMN) en de Rotterdamsche Lloyd (RL) zochten er voor hun lijndiensten op de Oost kapitaal voor. Het toenemende passagiersvervoer bood goede vooruitzichten. Op het verzoek om geldelijke steun van de kant van de Nederlandse overheid antwoordde de minister van Waterstaat negatief. Hij was van mening dat de rederijen altijd in eigen onderhoud hadden kunnen voorzien, zeker in deze bedrijfstak van de koopvaardij. Kort daarna konden er Rotterdamse financiën worden gerealiseerd, via de heer W. van der Vorm, directeur van de Scheepvaart & Steenkolen Mij. Daarbij mag worden aangetekend dat de confrontatie tussen deze heer en de HAL als 'weinig verheffend' is omschreven: Van der Vorm nam de macht binnen de HAL over, en de SMN en RL werden uitgeschakeld. Nu liet de regering via de door haar opgerichte BENAS (NV Mij. ter Behartiging van de Nationale Scheepvaartbelangen) weten dat de HAL tot de aanschaf van een nieuw passagiersschip zou mogen overgaan, voor een deel te betalen uit de gelden van Werkfonds 1934, een door de regering-Colijn geïnitieerd plan voor werkverschaffing via kredietverlening waarbij werknemersorganisaties loonsverlaging moesten accepteren (!). H. Colijn zelf had echter geen oren naar het project. 'Dwaze nieuwbouw,' meende hij. Voor hem was dit voor Nederland geen prestigezaak. Het kon niet. In werkelijkheid dwarsboomde Colijn de passagiersvaart ten faveure van de KLM.

Perscampagnes over een groots schip hielden aan, met berichten over 'nationaal belang', 'investering in de toekomst' en 'arbeiders aan de slag'. De Nederlandse werven werkten echter niet mee in de onderhandelingen over een order voor de constructie van een prestigeschip. Een dergelijk schip vereiste stevige investeringen in ruimte en materiaal, redeneerde men, terecht, en zo doende zouden zij dan voor ten minste twee of drie jaren geen voor een oorlog bedoeld programma 'met een daaruit volgend toekomstperspectief' kunnen aannemen. Een Britse (Harland & Wolff) en een Duitse werf van naam (Blohm & Voss) boden aan een kopie op ware grootte van ss *Statendam* te bouwen, B & V wilde daarvoor betaald worden in HAL-aandelen. Dat sprak de HAL niet aan, gezien de ervaringen met J.P. Morgan. De rederij wilde de bouw in eigen land houden, een schip groter dan ss *Statendam*: 35.000 brt. In de sleeptank van het Proefstation te Wageningen was een model getest. Daar had SMN's hoofdingenieur H.N. Prins de hand in, een Amsterdammer, in samenwerking met S. West, chef Technische Dienst van het HAL-bouwbureau.

Toch kwamen de betrokken partijen met het project tot een belangwekkend vlaggenschip bij elkaar. 23 Oktober 1935 mag gelden als een grote dag voor Nederlands prestige in de wereld. Het Werkfonds werd een contract voorgelegd. De totale bouwsom zou fl. 13,8 miljoen bedragen, daarvan fl. 300.000 opgebracht door de loonderving van de werfarbeiders; niet minder dan 11,4 miljoen zou door de regering worden geleend aan de HAL, tegen 3% per jaar. De rederij zou garant staan met al haar bezittingen, met uitzondering van de kunstcollecties van de directieleden. De RDM-werf werd hoofdaannemer. Al in 1936 en 1937 beschikte de HAL over voldoende middelen ter leniging van de schulden. Op het moment van de indienststelling van Bouwnummer RDM 200 een jaar later, was er reeds fl. 7,2 miljoen afgelost. Het schip zou qua omvang, in vergelijking met de werkelijk groten van de concurrentie, niet kunnen imponeren, maar wel qua uiterlijk, en met wat zich ín haar afspeelde. RDM 200 zou een voorbeeld van de Style Moderne (Art Déco) worden, 'een mailschip dat qua comfort en artistieke inrichting met de *Normandie* kon wedijveren'.

Samenvattend: na de introductie van ss *Kaiser Wilhelm der Grosse* (1897) gebruikten ook de Nederlandse scheepvaartondernemingen met passagiersdiensten (waaronder HAL, KHL, KNSM, SMN, RL) hun ellebogen en kruiwagens in de strijd voor reizigers en aanzien. In de luwte van de machtige heersers van de oceaanroutes, zoals daar zijn CGT, Cunard, HAPAG, NDL en de White Star, weerden zij zich naar behoren. Sommige van hun vloten werden spreekwoordelijk (The Spotless Fleet) en meerdere schepen verwierven respect en glorie. Niet door de voortreffelijk-

ss *Bremen* (1929) verlaat de haven van New York, november 1939. 'De gehele bemanning staat aan dek geschaard en zingt vaderlandse liederen.'
Panorama 23 november 1939, p. 2.

heden van de schepen alleen, evenzeer door de kwaliteit van de mensen die de schepen bouwden en de kwaliteit van de mensen die hen voeren. Het moeten er honderdduizenden zijn geweest, de opvarenden met een 11-urige werkdag, bezig op en met een product dat 24 uur per dag werkte, ook op zondag. De Nederlandse koopvaardij deed het goed in de periode tot 1939 die hier werd besproken, haar prestigeschepen werden gekend. In 1939 viel Duitsland Polen binnen, met de stopzetting van menige reguliere passagiersdienst als een der eerste gevolgen. HAL's *Nieuw Amsterdam* voer in de schemering van de Tweede Wereldoorlog naar de USA en deed vervolgens wat vrijwel al haar collega's als *Oranje*, *Dempo* en *Johan van Oldenbarnevelt* deden: varen met soldaten, op staatskosten. Net als gedurende de Eerste Wereldoorlog: nooit hadden zij het zo druk, nooit lagen zij een dag stil, nooit voeren ze sneller. Nadat de overlevenden onder hen na zes, zeven jaren thuis mochten varen, lagen hun namen op ieders lip. Ze waren 'thuis van de zee', hun prestige was ongekend.

Bestaan er in de huidige wereld dergelijke prestigeschepen? Niet in de grote vaart. Er zijn naties die in de trant van de maritieme geschiedenis representatieve zeilschepen in de vaart houden, of brengen. Zo werd de Duitse bark *Gorch Fock* in ere hersteld, HMS *Victory* in Londen gerestaureerd, en aanvaardde de Zweedse Oostindië-vaarder *Götheborg* haar tweede wereldreis. De Nederlandse overheid laat een dergelijk vlagvertoon aan het particuliere initiatief over en gedoogt de aanwezigheid van ss *Rotterdam* (1959; 38.645 brt.; lengte over alles 228,12 m) in het Rotterdamse havengebied. Nederland speelt nog steeds een belangrijke rol in de maritieme wereld, maar ons wordt nu bijgebracht dat we ons voor onze geschiedenis moeten schamen. De enorm grote passagiersschepen die nu Rotterdam en Amsterdam aandoen – geen enkele onder Nederlandse vlag – zijn, hoe imposant door hun omvang ook, onvergelijkbaar met de grandeur van het prestigeschip van weleer.

ms *Willem Ruys* (1947; 21.119 brt., KRL). Kiellegging 1939, stapelloop 1946.
Gouache door Arne Zuidhoek

**Linkerpagina:**
Het passagierschip Rotterdam. Een klassiek voorbeeld van prestige.
Foto: Roger Berk. Met dank aan Nico Guns.

**Literatuur**
- Boer, M.G. *De Holland-Amerika Lijn 1873-1923* (Rotterdam, 1923)
- Boven, W.G. *Unsere Zukunft liegt auf dem Wasser* (Den Helder/Doorn 1998)
- Cornelis, A. *Dromen tussen Europa en de V.S* (Leiden, 1993)
- Kludas, A. *Das Blaue Band des Nordatlantiks* (Hamburg 1999)
- Maxtone-Graham, J. *The Only Way to Cross* (New York 1978)
- IJzerman, A.W. *Het moderne kapitalisme* (Amsterdam 1930)
- Zuidhoek, A. *Varen of Vliegen* (Emmen, 2014)
- Zuidhoek, A. *Prestige* (Utrecht, 2022)

ms *Oranje* (1939; 20.016 brt., SMN), het snelste motorschip ter wereld.
Gouache door Arne Zuidhoek

*Nico J. Ouwehand*

# Anderhalve eeuw Waterweg

*Het gelijknamige boek geschreven door sleepvaartfanaat en maritiem museumadept Nico J. Ouwehand uit Maassluis is in drie ongelijke hoofdthema's verdeeld. Allereerst is daar de geschiedenis van de Nieuwe Waterweg, het maken van het plan tot doorgraving van de duinen, het baggeren van de vaarweg en de talloze calamiteiten die zich sinds 1872 op de route naar de havens van Rotterdam hebben voorgedaan.*

**Rechts:**
De viermast bark *Port Jackson* werd in 1914 door de *Roode Zee* van Rotterdam naar Beachy Head gesleept.

Die ongelukken deden zich in de beginfase seriematig voor. Het kantelpunt was de verbetering van de techniek na de Tweede Wereldoorlog en de toepassing van radar in de loop van de jaren vijftig van de vorige eeuw. Namen als de *Berlin* (1907 op de pier), de *Soerakarta* en ten gevolge van die stranding de ramp met de sleepboot *Schelde* (1925) *Christian Michelsen* (stranding in 1928), de *Faustus* in 1952, de *Vikingbank* en de *Alkyone* (1967) klinken menig maritiem liefhebber, zelfs jonger dan 50 jaar, bekend in de oren.

In het boek staat uitvoerig beschreven wat er destijds aan de hand was en waardoor de betreffende schepen in problemen kwamen. Dankzij het feit dat het Nationaal Sleepvaart Museum collecties van gerenommeerde scheepsfotografen en dito clubs in de schoot geworpen kreeg was het illustreren van de calamiteiten geen probleem.

Het tweede (kleinere) deel van het jubileumboek van de Waterweg is gewijd aan bijzondere transporten die de vaarweg passeerden. Aarzelend werd in 1896 begonnen met het verslepen van droogdokken over zee. Dat was een riskant karwei want dokken zijn enorme windvangers. Bij krachtige wind zijn de gevaartes al moeilijk te hanteren, laat staan bij storm. Toch slaagden de mannen van honderd jaar geleden er in menig reis succesvol af te sluiten. Veel dokreizen begonnen of eindigden niet in Rotterdam, maar er bleef nog genoeg stof over om te memoreren. Denk in dit verband maar eens aan het *Tandjung Priok dok* (1923) en het *Prins Bernard dok* dat in 1959 vanuit Plymouth naar Nederland kwam en in december 1984 op twee pontons naar Rio de Janeiro zou gaan. Dat laatste liep in de Golf van Biscaje verkeerd af. Dat was niet te wijten aan de kapitein van de sleepboot, maar aan de ingenieurs die zich verkeken op het wringen van de twee pontons waarop het gevaarte geplaatst was.

De lege *Ping An* strandde op 21 november 1965 op het strand bij Ter Heijde.

Tot de bijzondere transporten mogen ook de vele tinbaggermolens worden gerekend, die voor en kort na de Tweede Wereldoorlog naar Nederlandsch Indië werden gesleept. Gerekend met vertrekhavens in Nederland hebben we het over 13 transporten met molens als de *Tempilang*, de *Plaben*, de *Doejoeng* en de *Karimata*. Indonesië heeft nog lang van die drijvende graafmachinerieën geprofiteerd, want als de pontons waarop ze stonden in het tropische water waren weggeroest, werd de oude molen simpelweg op een nieuwe ponton geplaatst.

Het begin van de Tweede Wereldoorlog betekende voor het Rotterdamse veel ellende. Allereerst was er de torpedobootjager *Van Galen*, die, koud terug uit de Oost, in Den Helder de opdracht kreeg naar Rotterdam op te stomen om de Maasbruggen daar te helpen verdedigen. Op de Nieuwe Waterweg en Het Scheur kreeg zij te maken met Duitse Stuka's die vergeefs probeerden het schip tot zinken te brengen. De *Van Galen* kon niet terug vuren want haar geschut was niet in staat omhoog te schieten. Het was een wonder dat er maar één slachtoffer was te betreuren maar het zwaar beschadigde schip moest de Merwehaven in vluchten, waar het, mede door toedoen van de bemanning, zonk. In 1941 werd de oorlogsbodem gelicht en afgevoerd richting sloop. De bezetter kon er niets meer mee beginnen. Dat konden de Duitsers wel met de half afgebouwde en opzettelijk door marine- en werfpersoneel tot zinken gebrachte *Gerard Callenburgh*. Ook dit marineschip werd gelicht, maar in 1942 als *ZH1* door de vijand afgebouwd. De geallieerden torpedeerden haar in 1944 in Het Kanaal.

Bijzondere transporten na de oorlog zijn er te over. Denk maar aan de *Gele Zee* met de *Neptunia*, de voormalige *Johan de Witt*. Denk ook maar aan de proefvarende *Statendam* in 1956, waarvan een motor het onder de Engelse kust liet afweten. Dankzij een handigheidje van de directie in IJmuiden was Wijsmuller Smit te slim af. Die rederij kwam met vijf slepers en het fraaie schip trots de Nieuwe Waterweg op. Het heeft de verhouding tussen de concurrenten helaas voor jaren vertroebeld. In de tweede helft van de jaren zestig werden boorplatforms voor de olie-industrie in het Rotterdamse gebouwd onder andere bij de RDM en bij Gusto. De toen vrijwel nieuwe *Zwarte Zee* (9000 pk) kon de gevaartes vrijwel moeiteloos in Afrika en elders afleveren.

De sleepboot *Elbe* ging in 1965 de doorgezakte tanker *Pendrecht* ophalen bij Rio de Janeiro.

De *Elwood Mead*, een nieuwe grote bulkcarrier, strandde in 1973 op de rotsen bij Guernsey omdat de onervaren stuurman een borrel teveel op had en zat te dutten. De onderkant van het schip werd finaal open gescheurd. Dankzij inventiviteit van de Wijsmullerbergers kon zij na veel tegenslag drijvend op lucht die constant in de ruimen werd geblazen, in Rotterdam worden afgeleverd.

De *SmitWijs London* met de FPSO (een drijvende opslagtanker zonder eigen voortstuwing) *Bonga* bij de ingang van de Rotterdamse haven.

Rotterdam wordt regelmatig bezocht door imposante cruiseschepen. Dit is de *AIDAmar* gebouwd in 2012 in Papenburg die op 5 maart 2015 de Waterweg op kwam.

Het kraanschip *Saipem 7000* torent hoog boven de Maassluise bebouwing uit

In 2004 was het de FPSO *Bonga* die na een lange reis in Rotterdam kwam schuilen, omdat de zee te ruw was het gevaarte in Newcastle, waar het zou worden afgebouwd, af te leveren. Een paar weken later ging zij er alsnog heen. FPSO betekent overigens Floating Production Storage and Offloading platform. Eigenlijk een grote tanker zonder eigen voortstuwing. De moderne tijd wordt in het boek afgesloten met de *Zhen Hua 10*, een zwaar transportschip geladen met havenkranen, dat in 2008 op de Maasvlakte strandde. Dat liep gelukkig goed af, maar eenvoudig was het karwei niet.

Dit zwaar transportschip met een FPSO aan boord is de *Boka Vanguard*, liggend in het Calandkanaal. Dit is het grootste zwaartransportschip ter wereld.

Op de laatste paginas van het boek *Anderhalve eeuw Waterweg* wordt gememoreerd dat talloze vreemdsoortige en spectaculaire schepen in de loop van de jaren Rotterdam hebben bezocht. Allereerst zijn daar de passagiers- en cruiseschepen. Vroeger was een schip in die klasse met 400 passagiers al een hele grote jongen. Tegenwoordig is een paar duizend passagiers heel normaal en de echt grote cruiseschepen gaan zelfs tot 5000 passagiers. De nieuwe *Rotterdam*, de zevende met die naam, kwam voor de eerste maal in 2021 naar haar thuishaven en maakte enorme indruk. Sleepboten zijn voor deze giganten niet meer nodig want ze kunnen met behulp van boegschroeven zelf rondgaan op de rivier. Alleen als het hard waait wordt hulp van slepers ingeroepen. Bijzonder zijn ook de kapitale jachten die Rotterdam bezoeken. Daaronder mag gerust de *Seawolf* gerekend worden, ooit het zusterschip *Clyde* van de *Elbe*, gebouwd in resp.1957 en 1959. Niet alleen voor Russische oligarchen worden dergelijke schepen in Nederland gebouwd of verbouwd. Ook kapitaalkrachtige figuren elders op de wereld, zoals in het Verre Oosten, kennen de reputatie van de Nederlandse jachtenbouwers. Het jacht *Legend*, te huur voor $ 545.000,- per week was ooit de in 1974 in Nederland gebouwde sleepboot/ijsbreker *Dimant*, waarvan het ontwerp was gebaseerd op dat van de *Zwarte Zee* (IV). Drie van haar zusters zijn van het zoute toneel verdwenen, maar de *Legend* voor de tweede maal verbouwd in 2019, vaart degelijk en rustig nog naar alle windstreken. Zwaar Transportschepen, kraanschepen en opvallende offshore installatieschepen zijn maar enkele van de bijzondere vaartuigen die vrijwel wekelijks Hoek van Holland passeren. Het is allemaal in het boek *Anderhalve eeuw Waterweg* te vinden.